IIILegalteca

IIIARANZADI LA LEY

Activa tu IIILegalteca

Código de activación *: 6L9W3IP7

AF274305

Accede a la versión electrónica de este libro en la Biblioteca Digital IIILegalteca siguiendo estas instrucciones:

1. Escanea este código QR
   o abre tu navegador de internet y accede a
   https://www.aranzadilaley.es/activatulegalteca

2. Inserta el **Código de activación** que aparece al inicio de esta página y pulsa **Validar código.**

3. Una vez validado el código aparecerá una nueva pantalla, en la que debes identificarte con tu usuario y contraseña o definirla si no eres usuario, a continuación, pulsa **Activar.**

Completado el proceso, podrás entrar en tu biblioteca para ver el libro en tu estantería.

---

* Este código podrá ser utilizado para una descarga, dejará de estar operativo a partir del momento en el que exista una edición posterior o descatalogación. Te recomendamos que procedas a la descarga de la obra en **IIILegalteca** lo antes posible.

IIILegalteca

IIIARANZADI LA LEY

Descubre las ventajas de IIILegalteca, la mayor biblioteca digital profesional de España

IIILegalteca es la biblioteca digital de **Aranzadi LA LEY** donde puedes ver y trabajar con todos los contenidos de autor que te ofrecemos, entre los que encontrarás además de libros, revistas, anuarios y obras actualizables.

Además, si tus publicaciones contienen formularios los podrás editar, imprimir, exportar y enviar desde el propio **IIILegalteca.**

Funcionalidades que marcan la diferencia en IIILegalteca

 ACCESO OFFLINE

Puedes consultar las publicaciones desde cualquier dispositivo y sin necesidad de conexión a Internet. El usuario se puede descargar su publicación cómodamente para después acceder a ella.

 PERSONALIZACIÓN

La posibilidad de añadir notas, marcas y resaltes en el contenido, copiar y generar dosieres con la información seleccionada multiplica la eficiencia en el trabajo diario.

 DOSIERES

Esta funcionalidad facilita la labor de investigación, permitiendo agrupar un conjunto de recortes o extractos de una o varias publicaciones para tener localizada la información relacionada con un determinado caso, un expediente de un cliente o una tipología de asuntos.

 BUSCADOR JURÍDICO

Con el potente buscador jurídico avanzado con semántica y relevancia incorporadas, encontrarás fácilmente la información sobre los textos de las obras, números de revistas o versiones de una obra y dosieres creados, en todos los contenidos de la biblioteca.

 CONTENIDOS ENRIQUECIDOS

Una de las grandes ventajas es que todas las publicaciones en **IIILegalteca** tienen enlaces a legislación y jurisprudencia que permiten el acceso a quien sea suscriptor de la Base de Datos correspondiente.

MÁS INFORMACIÓN
Servicio de Atención al Cliente
https://www.aranzadilaley.es/contacto.html

EL DERECHO A LA ATENCIÓN COMO RESPUESTA AL PODER DIGITAL

ALFONSO BALLESTEROS
Coordinador

EL DERECHO A LA ATENCIÓN COMO RESPUESTA AL PODER DIGITAL

Alfonso Ballesteros
Bartlomiej Chomanski
Antonio Fernández Vicente
Anuj Puri

Cuadernos Digitales. Derecho y Nuevas Tecnologías

Directores
JOSÉ CARLOS ESPIGARES HUETE
JOSÉ ANTONIO PÉREZ JUAN
FRANCISCO JAVIER SANJUÁN ANDRÉS

© José Carlos Espigares Huete, José Antonio Pérez Juan, Francisco Javier Sanjuán Andrés (Dirs.), 2024
© Editorial Aranzadi, S.A.U.

Proyecto: «Teletrabajo y su impacto en las Administraciones Públicas: análisis del marco regulatorio e identificación de los problemas jurídicos más relevantes relacionados con las nuevas tecnologías y la protección de datos de carácter personal». Referencia. Convenio DIPU-UA1.23X_6 que forma parte del *Convenio de colaboración* entre la Excma. Diputación Provincial de Alicante y la Universidad Miguel Hernández, en el marco de la *Transformación digital de la Provincia de Alicante* (**CENID, Centro de Inteligencia Artificial de la Provincia de Alicante**, iniciativa de la Diputación y las Universidades de Alicante y Miguel Hernández).

Editorial Aranzadi, S.A.U.
C/ Collado Mediano, 9
28231 Las Rozas (Madrid)
Tel: 91 602 01 82
e-mail: clienteslaley@aranzadilaley.es
https://www.aranzadilaley.es

Primera edición: 2024

Depósito Legal: M-26098-2024
ISBN versión impresa con complemento electrónico: 978-84-1163-996-5
ISBN versión electrónica: 978-84-1163-995-8

Diseño, Preimpresión e Impresión: Editorial Aranzadi, S.A.U.
Printed in Spain

Índice General

Introducción

El título de la obra, *El derecho a la atención como respuesta al poder digital*, forma parte del esfuerzo sostenido por dar cuenta de los cambios que ha experimentado la tecnología en las últimas décadas desde una perspectiva iusfilosófica. Estos cambios exigen, particularmente, dos tareas. Por un lado, una labor de filosofía política que es la que emprende la reflexión sobre el poder digital y, una labor iusfilosófica que emprende la reflexión sobre la conveniencia del reconocimiento de nuevos derechos. Esta monografía se centra en esta segunda tarea y, en particular, en una de las propuestas: el reconocimiento del derecho a la atención. Con un deliberado deseo de unidad los cuatro trabajos seleccionados para formar parte de este libro buscan profundizar en la posibilidad y conveniencia de reconocer el derecho a la atención ante el avance del poder digital y la tecnología persuasiva.

La publicación de este libro se enmarca en el Proyecto «El teletrabajo y su impacto en las Administraciones públicas: análisis del marco regulatorio e identificación de los problemas jurídicos más relevantes relacionados con las nuevas tecnologías y la protección de datos de carácter personal» (referencia DIPU-UA1.23X_6), que forma parte del Convenio de colaboración entre la Excma. Diputación Provincial de Alicante y la Universidad Miguel Hernández, en el marco de la Transformación digital de la Provincia de Alicante (CENID, Centro de Inteligencia Artificial de la Provincia de Alicante, iniciativa de la Diputación y las Universidades de Alicante y Miguel Hernández). Este proyecto está dirigido por los profesores José Antonio Pérez Juan y Francisco Javier Sanjuán Andrés.

Elche, 15 de octubre de 2024

Alfonso Ballesteros

El derecho a la intimidad atencional [1]

Anuj Puri

Doctorando en el St. Andrews and Stirling Graduate Programme in Philosophy (SASP) University of St. Andrews

Los debates sobre la intimidad suelen centrarse en la información. En este trabajo, defiendo una nueva formulación del derecho a la intimidad atencional, que protege la autonomía individual frente a la continua avalancha de tecnologías intrusivas, inmersivas, persuasivas y adictivas. Sostengo que la captación de la atención de un individuo a través de «hiper-empujones» y «super-estímulos» desplegados en forma de focalización conductual socava la autonomía del individuo. Construyo una justificación raziana para el interés en la atención que necesita ser protegida contra prác-

---

1. Traducción de Alfonso Ballesteros Soriano. Publicado originalmente en *Rutgers Law Record*, 48, 2021, pp. 206-221.
   Doy las gracias a Kirstie BALL, Rowan CRUFT, Colin McLEAN, Akhil PURI y Ravi THAKRAL por sus útiles debates y comentarios. Agradezco al equipo de *Rutgers Law Record* su orientación y apoyo editorial.

13

ticas tecnológicas sofisticadas tales como la prueba A/B (*A/B Testing*) y la subasta en tiempo real (*Real Time Bidding*) llevadas a cabo por las grandes tecnológicas. Presento la doble concepción del derecho a la intimidad atencional como una libertad negativa para protegerse de las tecnologías intrusivas y como una libertad positiva para mantener a raya las tecnologías inmersivas, persuasivas y adictivas.

I. INTRODUCCIÓN

¿Qué tienen en común una jueza que preside su tribunal, un investigador que trabaja en un observatorio astronómico[2] y un monje que guarda silencio monástico? La respuesta es que todos ellos forman parte de un pequeño grupo de adultos que pasan el día sin distraerse continuamente con un teléfono inteligente, aunque hay que admitir que lo hacen debido a diversos compromisos individuales y limitaciones institucionales. A diferencia de este grupo inusual, la mayoría de nosotros pasamos el día en un estado continuo de distracción inducida por la tecnología. Claudia RODA señala que «la llegada de las tecnologías de la información y la comunicación ha modificado drásticamente el equilibrio entre la disponibilidad de información y la capacidad de los seres humanos para procesarla»[3]. Hemos transitado, aunque no sin problemas, de una era en la que la información era escasa a una era en la que la atención es escasa[4]. La escasez de atención ha dado lugar a una serie de advertencias tanto de expertos como de reguladores sobre la naturaleza adictiva y distractora de las tecnologías[5].

En el contexto de este creciente reconocimiento de la importancia de la atención humana y del impacto adverso de la tecnología sobre ella, este capítulo trata de formular una respuesta ética a los retos que plantea el auge de la economía de la atención. En él destaco el papel vital que desempeña la atención en la preservación de la autonomía individual. Intento proteger este recurso humano escaso mediante un derecho a la intimidad atencional. La intimidad se ha entendido tradicionalmente en el contexto de la infor-

---

2. DRASH, W., y CONTRERAS, E. «America's Quietest Town where Cell Phones are Banned», CNN (2015), https://edition.cnn.com/interactive/2015/07/us/quiet-town-american-story [consultado: 27/10/2023]. LEVIN, D., «No Cell Signal, No Wi- Fi, No Problem. Growing Up Inside America's "Quiet Zone"», *N.Y. TIMES* (6/3/2020).

3. RODA, C., «Introduction», en *Human attention in digital environments*, CUP, C. RODA (ed.), 2011.

4. GOLDHABER, M. H., «The Attention Economy and the Net», *First Monday* (abril 1997), https://firstmonday.org/ojs/index.php/fm/article/view/519/440/ [consultado: 15/11/2023].

5. DUBICKA, B. y THEODOSIOU, L., Royal College of Psychiatrists, «Technology Use and the Mental Health of Children and Young People», 2020; Digital, Culture, Media & Sport Committee, House of Commons, Immersive and addictive technologies, 2019.

mación. La principal aportación de este trabajo es la articulación de una concepción dual del derecho a la intimidad atencional, que mantiene a raya a las tecnologías intrusivas, inmersivas, persuasivas y adictivas. Comienzo definiendo la atención y a continuación hago un breve repaso de los intentos anteriores de formular una libertad o un derecho a la atención. A continuación, destaco las prácticas tecno-comerciales adoptadas por las grandes empresas tecnológicas para captar la atención configurando la elección de un individuo entorno mediante hiper-empujones[6] y el despliegue de super-estímulos[7] para desviar la atención del individuo hacia el objetivo artificial de los anuncios[8]. Analizo las diversas formas de tecnologías intrusivas y adictivas antes de formular una concepción dual del derecho positivo y negativo a la intimidad atencional.

II. ¿QUÉ ES LA ATENCIÓN?

Hace más de un siglo, William JAMES escribió: «Todo el mundo sabe lo que es la atención»[9]. Esto puede ser cierto. Sin embargo, para proteger la atención es necesaria una definición más precisa. Según la enciclopedia Británica, la atención «es la concentración de la conciencia en algún fenómeno con exclusión de *otros estímulos*»[10]. Según Wayne WU, «la atención está necesariamente ligada a la acción»[11]. James WILLIAMS afirma que la atención es «la pila completa de capacidades de navegación en todos los niveles de la vida humana»[12]. En cambio, según Christopher MOLE, «la atención está implicada en la dirección selectiva de nuestras vidas mentales»[13]. Además, afirma: «La atención [...] selecciona un subconjunto de la información que ha sido procesada por una parte de nuestro sistema perceptivo de forma que la información quede disponible para su procesamiento por una parte posterior del sistema, que opera con una capacidad de procesamiento

---

6. YEUNG, K., «"Hypernudge": Big Data as a mode of regulation by design», *Information, Communication & Society* 118, 122, 2017.
7. TINBERGEN, N., *The Herring Gull's World: A Study of the Social Behavior of Birds*, pp. 206-208, 1960.
8. HENDLIN, Y. H., «I Am a Fake Loop: The Effects of Advertising-Based Artificial Selection», *Biosemiotics*, 131, 145, 2019.
9. JAMES, W., *The principles of psychology*, Harvard Univ. Press, Harvard 1981, p. 403.
10. MCCALLUM, W. C., «Attention», Enciclopedia británica, 2015. Énfasis mío. https://www.britannica.com/science/attention [consultado: 15/11/2023].
11. WU, W., «Attention as Selection for Action», en *Attention: Philosophical and Psychological Essay*, Ch. MOLE *et al* (eds.), 2011, p. 97.
12. WILLIAMS, J., «Stand Out of Our Light: Freedom and Resistance in the Attention Economy», Ch. HARRISON y S. PAYNE (eds.), 2018, p. 47.
13. MOLE, C., «Attention», Standord Encyyclopedia Philosophy, https://plato.stanford.edu/entries/attention [consultado: 21/11/2023].

menor»[14]. Dicho de otro modo, la atención nos ayuda a dar sentido al mundo. Un objeto de nuestra percepción puede tener muchas propiedades. Nuestra capacidad para centrarnos en una propiedad concreta excluyendo otras es un ejercicio atencional. Como dice Nanay, «la atención hace que la propiedad atendida esté más determinada»[15]. La manipulación sofisticada de la atención provoca el agotamiento de este precioso recurso que conduce a la indeterminación del ser y la existencia. Filósofos y psicólogos discrepan enormemente sobre la definición conceptual de la atención[16]. En un intento de salvar este desacuerdo, aunque defino la atención a efectos de este artículo, me centro en sus aspectos funcionales. Espero que un análisis funcional de la atención aporte claridad conceptual y una mejor comprensión de la importancia de la atención en la vida de las personas. Por lo tanto, a efectos de este artículo, la atención se define como la capacidad de una persona para filtrar las interferencias y centrarse en la información seleccionada[17].

III. LA ATENCIÓN EN LA LITERATURA

La atención ha sido objeto de amplios estudios desde la perspectiva de la psicología[18], la percepción[19], y la conciencia[20] por citar algunos. Sin embargo, los intentos de formular un derecho que proteja la atención han sido limitados. En la década de 1950, cuando los tribunales de EE.UU. se enfrentaron a la cuestión de la intimidad individual en los espacios públicos como demanda frente a la emisión de canciones y anuncios radiofónicos en los tranvías y autobuses regulada por el gobierno[21], hubo un breve repunte en la literatura sobre la «libertad de atención»[22]. RUSSO ha analizado críticamente este debate sobre la radio y la atención individual desde una pers-

---

14. MOLE, C., *et al.*, «Introduction», en *Attention: Philosophical and Psychological Essays*, pp. xi-xii MOLE, C., *et al.* (eds.), 2011.
15. NANAY, B., «Attention and Perceptual Content», *Analysis* 70, 2010, pp. 263, 266.
16. MOLE, C., «Attention», cit., p. xi.
17. AMSO, D. y SCERIF, G., «The Attentive Brain: Insights from Developmental Cognitive Neuroscience», *Nat. Rev. Neuroscience* 16, 606, 2015; OBERAUER, K., «Working Memory and Attention – A Conceptual Analysis and Review», *Cognition* 36, 1, 2019.
18. PASHLER, H. E., *The Psychology of Attention*, 1998.
19. TREISMAN, A., y GEFFEN, G., «Selective Attention: Perception or Response?», Experimental Psych. 1, 1967, p. 19.
20. MOLE, C., «Attention and Consciousness», *Consciousness Stud.* 86, 2008, p. 15.
21. *Pub. Util. Common of D.C. v. Pollak*, 343 U.S. 451, 455, 1952.
22. BEATTY, W. C., «Freedom of Attention for Transit Riders», WASH. y LEE L. REV. 46, 1952, p. 9; MCKNEW, D. K., «Freedom of Attention», CATH. U. L. REV. 84 (1952), p. 2.

pectiva histórica[23]. Ha habido llamamientos ocasionales a la intimidad atencional entre otras formas de intimidad[24]. El debate se ha reavivado recientemente en el contexto de la economía de la atención[25]. TRAN ha intentado articular un derecho a la atención en forma de derecho legal[26]. Las principales diferencias entre la articulación de TRAN del derecho a la atención y mi formulación del derecho a la intimidad atencional son las siguientes:

i. Entiendo que el derecho a la atención es un derecho más amplio que el derecho a la intimidad atencional[27]. Un debate más amplio sobre la diferencia entre «un derecho a algo» y un derecho a la intimidad atencional requeriría una segregación mayor de lo que permite el alcance de este capítulo. Varios estudiosos se han opuesto al «derecho a la intimidad» como un derecho independiente, al entenderlo como un conjunto de derechos[28]. Yo considero que el derecho a la intimidad es un derecho independiente. El derecho a la intimidad forma parte integral de la formación, protección y ejercicio del yo autónomo. El derecho a la atención, tal y como yo lo entiendo, incluye el derecho a desplegar la atención según la voluntad del individuo. Mi enfoque es más restringido. Mi análisis del derecho a la intimidad atencional se centra en la protección de la atención frente al ataque de tecnologías intrusivas, adictivas, inmersivas y persuasivas.

ii. TRAN articula el derecho a la atención desde una perspectiva jurídica. Busca la formulación del derecho a la atención como un derecho legal o como un derecho de derecho basado en la Constitución de EE.UU.[29]. Estoy

---

23. RUSSO, A., «An American Right to an "Unannoyed Journey"? Transit Radio as a Contested Site of Public Space and Private Attention, 1949-1952», Hist. J. of film, radio, & television 1, 2009, p. 29.
24. FRIEDMAN, D., *Privacy and Technology*, Soc. phil. & policy. 186, 187 (2000), p. 17; MOTYKA, K., *Prawo do Prywatności*, 85 Zeszyty naukowe akademii podlaskiej w siedlcach 9 (2010); KOOPS, B.-J. *et al*, «A Typology of Privacy», 38 Univ. of Pa. J. of Int'l l. rev. 483 (2016).
25. WILLIAMS, J., cit.
26. TRAN, J. L., *The Right to Attention*, Ind. L. J. 1023, 2016, p. 91.
27. TRAN señala: «En concreto, el conjunto de derechos del derecho a la atención, mucho más amplio y aún mal definido, incluye, por ejemplo, el derecho a negar la atención cuando se solicite, el derecho a que se le deje en paz, el derecho a no recibir spam y el derecho a no recibir publicidad cuando ésta no sea deseada o invitada, el derecho a renunciar a la comprensión de un acuerdo, el derecho a dar el consentimiento sin ser informado y el derecho a no ser obligado a recibir información en contra de la propia voluntad». pp. 1048-1049.
28. THOMSON, J. J., «The Right to Privacy», Phil. & Pub. Affairs 4 1975, pp. 295, 299; SCANLON, T., Thomson on Privacy, Phi. & Pub. affairs 4, 1975, p. 315; INNESS, J. C., Privacy, intimacy and isolation 28, 1996.
29. TRAN, *cit.*, p. 1027.

de acuerdo con gran parte de la formulación de TRAN. Sin embargo, mi enfoque se basa en la filosofía moral y no en el derecho.

iii. TRAN articula principalmente el derecho a la atención como un derecho negativo[30]. En mi articulación del derecho a la intimidad atencional, lo conceptualizo como un derecho tanto negativo como positivo, en línea con la concepción de BERLIN de la libertad negativa y positiva[31].

Antes de profundizar en mi concepción del derecho a la intimidad atencional, es importante comprender el proceso que subyace a la captación de la atención individual mediante hiper-empujones y super-estímulos.

IV. «HIPER-EMPUJONES»: CONTROL BASADO EN EL DISEÑO

En lo que respecta al análisis de macrodatos, Karen YEUNG ha señalado la amplia recolección de datos personales, que luego «se utilizan para moldear la toma de decisiones individuales al servicio de los intereses de los barones comerciales de los macrodatos»[32]. «Hiper-empujones», como lo define YEUNG, es «la personalización algorítmica en tiempo real y la reconfiguración de arquitecturas de elección basadas en grandes agregados de datos (personales)»[33]. YEUNG afirma que los macrodatos despliegan hiper-empujones que «son extremadamente poderosos y potentes debido a su naturaleza en red, continuamente actualizada, dinámica y omnipresente»[34] como un modo de control basado en el diseño[35]. Según LANZING, el hiperempujón compromete la autonomía individual al violar la intimidad informativa y decisoria[36]. YEUNG argumenta:

> «Al configurar y personalizar el contexto informativo de elección del usuario, normalmente mediante el análisis algorítmico de flujos de datos procedentes de múltiples fuentes que pretenden ofrecer una visión predictiva de los hábitos, preferencias e intereses de las personas a las que se dirigen (como los utilizados por los motores de recomendación de productos de consumo en línea), estos "empujones" (*nudges*) encauzan las elecciones del usuario en

---

30.　TRAN, L., cit., p. 1049.
31.　BERLIN, I., «Two Concepts of Liberty», en *Liberty*, HARDY, H., (ed.) 2002. pp. 167, 170.
32.　YEUNG, K., cit., p. 119.
33.　LANZING, M., «Strongly Recommended. Revisiting Decisional Privacy to Judge Hypernudging in Self-Tracking Technologies», Philos. technol. 32, 2019, pp. 549, 553; YEUNG, K., p. 122.
34.　YEUNG, K., cit., p. 118.
35.　YEUNG, K., cit., p. 118.
36.　LANZING, M., cit., p. 549.

las direcciones preferidas por el arquitecto de la elección mediante procesos sutiles y discretos, pero extraordinariamente potentes»[37].

Al tiempo que cuestiona la legitimidad del despliegue de hiper-empujones por parte de los macrodatos, YEUNG afirma:

«El análisis algorítmico de los patrones de datos configura dinámicamente el entorno de elección del individuo objetivo de formas altamente personalizadas, afectando al comportamiento y las percepciones de los usuarios individuales al moldear sutilmente la comprensión que el usuario en red tiene del mundo que le rodea»[38].

Según YEUNG, el objetivo de los hiperengaños es canalizar el comportamiento y la atención de un individuo en la dirección preferida por el arquitecto de la elección[39]. El análisis de macrodatos agrava aún más el problema mediante el despliegue de super-estímulos para desviar la atención del individuo hacia objetivos «artificiales»: la publicidad.

V. SUPER-ESTÍMULOS: EL DESVÍO DE LA ATENCIÓN DE OBJETIVOS NATURALES A ARTIFICIALES

El Diccionario de Psicología de la Asociación Americana de Psicología (APA) define el «super-estímulo (*Supernormal Stimulus*)» como «un estímulo que, por ser mayor o más intenso que los estímulos naturales habituales, tiene un efecto conductual mayor que éstos»[40]. El término «super-estímulo» fue acuñado por TINBERGEN mientras estudiaba el comportamiento de las gaviotas argénteas[41]. TINBERGEN observó que los polluelos recién nacidos de gaviota argéntea picoteaban insistentemente el pico de sus padres para recibir comida[42]. Este «comportamiento suplicante», tal como lo describió TINBERGEN, era una reacción a los estímulos proporcionados por el ave adulta[43]. Basándose en estudios anteriores, TINBERGEN afirmó que la «tendencia del polluelo de gaviota argéntea a picotear objetos rojos era en realidad una reacción no a la comida, sino al parche rojo en la punta del pico»[44]. Tinbergen llegó a la conclusión de que las características más importantes desde la perspectiva del polluelo de gaviota argén-

---

37. YEUNG, K., cit., p. 119.
38. YEUNG, K., cit., p. 130.
39. YEUNG, K., cit., pp. 118-119.
40. APA Dictionary of Psychology, «Supernormal Stimulus», https://dictionary.apa.org/supernormal-stimulus [consultado: 15/11/2023].
41. TINBERGEN, N., pp. 206-28.
42. TINBERGEN, N., p. 184.
43. TINBERGEN, N., p. 184.
44. TINBERGEN, N., p. 185.

tea «eran el enrojecimiento, el contraste y la delgadez de los estímulos»[45]. Entonces empezó a experimentar con modelos de «gaviotas argénteas ficticias», lo que llevó a la creación de una «supergaviota»[46]. El resultado fue que los polluelos de gaviota argéntea «picoteaban a mayor velocidad hacia una vara larga, delgada y roja con tres rayas blancas terminales que hacia el pico paterno»[47]. La enorme importancia de la investigación de TINBERGEN radica en la revelación de «que los científicos podían crear objetivos falsos que apelaban a los instintos de modo más fuerte que los objetos originales»[48]. BARRETT afirma: «[L]a esencia del super-estímulo es que la imitación exagerada puede ejercer una atracción más fuerte que el objeto real»[49]. Además, advierte: «[L]os animales se encuentran con super-estímulos sobre todo cuando los que experimentan con ellos los construyen. Los humanos podemos producir los nuestros [...] Los instintos surgieron para llamar nuestra atención sobre necesidades raras; ahora los dejamos que en manos de captadores de atención inútiles»[50].

Al tiempo que subraya las implicaciones de los super-estímulos que surgen de la economía de la atención en los seres humanos, HENDLIN escribe que la industria publicitaria, en primer lugar, crea falsos bucles de mimetismo que excitan nuestros instintos mediante «la fusión de las percepciones etológicas de los super-estímulos junto con el impacto del marketing [...] pero luego los satisface a través de mercancías que fracasan [...], creando una adicción de por vida a diversos productos de consumo»[51]. Según HENDLIN, los macrodatos permiten a los anunciantes ofrecer de forma predictiva anuncios a un individuo en función de sus características psicográficas[52]. HENDLIN califica esta publicidad individualizada como una forma de super-estímulo[53].

45. ASTOLFI, M. T., «The Evolutionary Psychology of Video Games: The Digital Game as Supernormal Stimulus» 10, Mayo 2012. (Partial Fulfillment of Requirements for Master of Arts Degree, New York University).
46. TINBERGEN, N., cit., p. 206.
47. ROSS-SMITH, V. H., «Pecking Response in Lesser Black-Backed Gull Chicks Larus Fuscus», Sept. 2009, tesis doctoral, Cardiff University.
48. BARRETT, D. «Supernormal Stimuli: How Primal Urges Overran Their Evolutionary Purpose» 3 2010.
49. BARRETT, D. ibid.
50. BARRETT, D. ibid.
51. HENDLIN, Y. H., p. 132. Sobre la relación entre la atención y el yo, así como los efectos negativos de los estímulos mentales hiperpalatables, véase CRAWFORD, M., The World beyond your Head, 2015.
52. HENDLIN, Y. H., cit., p. 145.
53. HENDLIN, Y. H., cit., p. 145.

Los hiper-empujones y los super-estímulos desplegados por el análisis de macrodatos funcionan de forma sincronizada. Aunque sus funciones se solapan, los hiper-empujones tienen por objeto configurar el «entorno de elección del individuo»[54] y los super-estímulos tienen por objeto garantizar que, dentro de este entorno configurado, la atención del individuo se desvíe hacia el objetivo artificial de los anuncios[55]. El diseño algorítmico de una plataforma de redes sociales cuyo objetivo es que los usuarios permanezcan conectados durante periodos más largos es una forma de hiper-empujón[56], los anuncios micro-dirigidos a los que se expone un individuo durante este período son una forma de super-estímulos[57]. La base de este «atraco» a la atención es la información obtenida mediante la elaboración de perfiles de un individuo y de otras personas consideradas similares el análisis de macrodatos[58]. El derecho a la intimidad atencional tiene por objeto impedir la captación de la atención mediante hiper-empujones y super-estímulos desplegados sobre la base de la agregación y el tratamiento de datos.

En las secciones siguientes, exploro algunas de las sofisticadas estrategias que las grandes empresas tecnológicas[59] despliegan para cosechar nuestra atención mediante super-estímulos e hiper-empujones. En la era del análisis de macrodatos, no todos picoteamos la misma exagerada «mancha roja»[60]. Al perfilar nuestro comportamiento en línea y dirigirnos conductualmente en función de él, los «comerciantes de atención»[61] nos ofrecen picotazos personalizados y a medida. El efecto resultante de «desplaza-

---

54.   YEUNG, K., cit., p. 122.
55.   HENDLIN, Y. H., cit., p. 145.
56.   YEUNG, K., cit., cit., p. 128.
57.   HENDLIN, Y. H., cit., p. 145.
58.   LANZING, M., cit., p. 554. Véase También BAROCAS, S. y LEVY, K., «Privacy Dependencies», 95 *Wash. L. Rev.*, 2020, p. 555.
59.   Utilizo el término «Grandes empresas tecnológicas» para referirme al conglomerado de empresas dominantes dedicadas al negocio de los motores de búsqueda, los servicios en línea, la electrónica de consumo, las redes sociales y el comercio electrónico.
60.   ROSS-SMITH, V. H., cit., p. 46.
61.   «Comerciante de atención: recolector de la atención humana a escala industrial. Empresa cuyo modelo de negocio es la captación masiva de atención para revenderla a los anunciantes». WU, T., *The attention merchants: the epic scramble to get inside our heads*, 2016. En otro lugar, WU también ha utilizado el término «Broker de atención» para describir a una entidad «que actúa como intermediario entre la atención y las economías "monetarias"». WU, T., «Attention Brokers», «NYU Law» 1, 2, 2015. Para WU, «El bróker de la atención (a veces llamado comerciante de atención) es un revendedor de atención humana. Atrae la atención ofreciendo algo al público (entretenimiento, noticias, servicios gratuitos, etc.) y luego revende esa atención a los anunciantes a cambio de dinero».

miento de pico»[62] nos desplaza de nuestros objetivos naturales a los artificiales. Aunque los picos a los que picoteamos pueden diferir en función de nuestros perfiles psicométricos, todos están unidos en el propósito de garantizar que nuestros instintos evolutivos se exploten para obtener beneficios comerciales.

VI.   ATENCIÓN: MEDIDA, MANIPULADA Y EXPLOTADA

Si concebimos la atención como un recurso que se «gasta»[63], entonces debería preocuparnos la manipulación de nuestra atención mediante hiperempujones y super-estímulos con fines de explotación comercial. Según WU, la explotación comercial de la atención es un fenómeno relativamente nuevo[64]. Si bien las primeras décadas del siglo XX demostraron que la atención podía cosecharse a gran escala, la intervención de los anuncios comerciales en la vida cotidiana seguía siendo escasa[65]. Sin embargo, esto cambió con la llegada del análisis de los macrodatos y la monetización del comportamiento humano en línea. El primer banner publicitario apareció en la Web en 1994; en 2017, se preveía que el gasto en publicidad digital superara los 223.000 millones de dólares[66]. Hoy en día, la competencia entre los profesionales del marketing por captar la atención de los consumidores es máxima[67]. Los márgenes de beneficio y la competencia resultante para captar la atención con fines comerciales han llevado al desarrollo de sofisticadas herramientas para medir, manipular y explotar la atención. En esta sección, analizo algunas de ellas. La lista es significativa y no exhaustiva.

1.   ATENCIÓN: MEDIDA

Perfiles en línea y segmentación por comportamiento: BÜCHI et al definen la elaboración de perfiles como «el sistemático e intencionado registro

---

62.   «RAMACHANDRAN y HIRSTEIN definen el efecto de desplazamiento del pico como el uso de super-estímulos para excitar zonas del cerebro con más intensidad que los estímulos naturales». GOOCH, B., «Ramcachandran and Hirstein's Neurological Theories of Aesthetic for Computer Graphics», Univ. of Utah, 2002; RAMACHANDRAN, V. S. y HIRSTEIN, W., «The Science of Art: A Neurological Theory of Aesthetic Experience», Consciousness stud. 15, 1999, p. 6.
63.   WU, T., *The attention merchants...*, cit., p. 20.
64.   WU, T., *The attention merchants...*, cit., p. 21.
65.   WU, T., *The attention merchants...*, cit., p. 83.
66.   WILLIAMS, J., cit., p. 29.
67.   NELSON-FIELD, K., *The Attention Economy and How Media Works: Simple Truths for Marketers*, 2020.

y clasificación de datos relacionados con las personas [...]»[68]. Privacy International explica los peligros de la elaboración de perfiles ya que, organizaciones, muchas de las cuales nunca has oído hablar, son capaces de conocer tus hábitos, personalidad, intereses sexuales, creencias políticas, etc. para hacer predicciones sobre su personalidad y comportamiento. Esto es cierto incluso si no has compartido esta información con ellos[69].

La elaboración de perfiles algorítmicos tiene muchos efectos escalofriantes relacionados con la vigilancia y la censura[70]. A efectos del presente trabajo, me centraré en la relación entre la elaboración de perfiles en línea y la selección basada en el comportamiento, que WACHTER describe como:

> «Los datos de los usuarios, las bases de datos de antecedentes y otra información pueden utilizarse para crear perfiles predictivos a partir de los datos recogidos por las tecnologías de rastreo, y explícitos perfiles a partir de los datos facilitados por el usuario. Estos perfiles se utilizan para ofrecer productos a grupos específicos y excluir a otros, o para ofrecer productos a precios diferentes. A continuación, se encuentra la combinación perfecta mediante pujas en tiempo real en las que los anunciantes compiten entre sí para colocar un anuncio en el sitio web de un editor»[71].

Los comerciantes de la atención miden cada microsegundo de la experiencia humana y luego lo manipulan con fines publicitarios. Las patentes son un ejemplo excelente para entender la estrategia de una empresa[72]. Una patente para la creación de perfiles en internet permite medir el interés de un usuario por diversas categorías de la web en una unidad estándar denominada unidad de interacción, que «se interpreta como un minuto de atención prestada por un usuario a un contenido»[73]. MERRITT define las métri-

---

68. BÜCHI *et al.*, «The Chilling Effects of Algorithmic Profiling: Mapping the Issues», *Comput. l. & sec. R.*, 2020, pp. 1-2. El artículo 4, apartado 4, del Reglamento General de Protección de Datos (RGPD) define la elaboración de perfiles como, cualquier forma de tratamiento automatizado de datos personales consistente en la utilización de datos personales para evaluar determinados aspectos personales relativos a una persona física, en particular para analizar o predecir aspectos relativos al rendimiento laboral, la situación económica, la salud, las preferencias personales, los intereses, la fiabilidad, el comportamiento, la ubicación o los movimientos de dicha persona física. Art. 4, RGPD.

69. «Why We're Concerned About Profiling And Micro-Targeting In Elections», *Privacy int'l*, abril 2020, https://privacyinternational.org/news-analysis/3735/why-were-concerned-about-profiling-and-micro-targeting- elections [consultado: 16/11/2023].

70. BÜCHI *et al.*, cit., p. 67.

71. WACHTER, S., «Affinity Profiling and Discrimination by Association in Online Behavioural Advertising», *Berkeley tech. L. J.* 367, 2020, p. 35.

72. VELIZ, C., *Privacy is power: Why and How You Should Take Back Control of your Data*, 2020, p. 32.

73. U.S. Patent No. 6,839,680 B1 (4 enero, 2005).

cas de atención como «medidas del tiempo de atención de los visitantes de un sitio web, determinadas por pruebas concretas de su presencia en una página, como el movimiento del cursor, las pulsaciones de teclas y el desplazamiento»[74]. Según CHEN *et al*, «la segmentación por comportamiento aprovecha el comportamiento histórico del usuario para seleccionar los anuncios más relevantes que mostrar»[75]. El historial web del individuo se combina con datos demográficos y geográficos para establecer una imagen amplia del consumidor, que luego se utiliza para enviar mensajes dirigidos[76]. En otras palabras, todos recibimos un pico personalizado de los comerciantes de atención para cosechar nuestra atención y desplegarla con fines comerciales.

2. ATENCIÓN: MANIPULADA

Pruebas A/B y recompensas variables intermitentes: Pero ¿cómo averiguan las grandes empresas tecnológicas qué pico funcionaría? La respuesta está en las pruebas A/B. DAVIDOWITZ ha destacado un poder clave de los macrodatos a la hora de hacer que los experimentos aleatorios, que pueden encontrar efectos verdaderamente causales, sean mucho más fáciles de llevar a cabo[77]. En Silicon Valley, estos experimentos aleatorios controlados se han rebautizado como «pruebas A/B»[78]. Según GALLO, «las pruebas A/B, en su forma más básica, son una manera de comparar dos versiones de algo para averiguar cuál funciona mejor [...] Las pruebas A/B se utilizan ahora para evaluar todo, desde el diseño de sitios web hasta las ofertas en línea, pasando por los titulares y las descripciones de productos»[79]. Una característica especialmente problemática de las pruebas A/B es que la mayoría de estos experimentos se realizan sin el conocimiento de los sujetos[80]. En función del número de clics, la variante que obtiene más visitas se lanza al público desprevenido[81]. DAVIDOWITZ afirma: «Si Google quiere saber cómo conseguir que más gente haga clic en los anuncios de sus sitios, pueden probar dos tonos de azul en los anuncios: un tono para el Grupo A y

---

74. MERRITT, B., «The Rise of Attention Metrics: Can a New Digital Currency Help Sustain Journalism?», *Geo. Wash. Sch. of media and pub. affairs*, at 1, 4-5 (2017).

75. CHEN, Y. *et al.*, «Large-Scale Behavioral Targeting», ACM Conference on Knowledge Discovery and Data Mining, 2009, p. 1.

76. LI, H., y NILL, A., «Online Behavioral Targeting: Are Knowledgeable Consumers Willing to Sell Their Privacy?», J. consumer pol'y 43, 2020, pp. 723-725.

77. DAVIDOWITZ, S., *Everybody lies: Big Data, New Data, and What the Internet Can Tell Us About Who We Really Are*, 2017, p. 211.

78. *Ibid.*

79. GALLO, A., «A Refresher on A/B Testing», Harv. bus. rev., 2017.

80. *Ibid.*

81. HALLINAN, B., *et al*, «Unexpected expectations: Public reaction to the Facebook emotional contagion study», 22 (6) New media & society, 2020, p. 1076.

otro para el Grupo B. Google puede comparar entonces los porcentajes de clics»[82]. Además, afirma que las pruebas A/B pueden contribuir a que Internet sea tan adictiva[83]. Algunos «de los psicólogos, matemáticos y diseñadores más brillantes del mundo dedican ahora la mayor parte de su vida a averiguar cómo acabar con tu fuerza de voluntad»[84]. Los diseñadores tecnológicos utilizan recompensas variables intermitentes para maximizar la adicción[85]. HARRIS afirma que una persona media consulta su teléfono 150 veces al día[86]. Cuando consultamos nuestro teléfono en busca de notificaciones o nuestros correos electrónicos o perfiles de redes sociales, estamos jugando a la máquina tragaperras para obtener recompensas variables intermitentes[87]. A veces, podemos recibir algo digno de nuestra atención. La mayoría de las veces no. Pero, a pesar de todo, estamos enganchados. Picando en nuestro «pico personalizado», esperando la recompensa.

3. ATENCIÓN: EXPLOTADA

a. Subasta de publicidad en tiempo real (RTB): En su informe sobre *adtech* y de subasta de publicidad en tiempo real, la Oficina del Comisario de Información del Reino Unido describe *adtech* como «un término utilizado para describir herramientas que analizan y gestionan información (incluidos datos personales) para campañas publicitarias en línea y automatizan el procesamiento de transacciones publicitarias»[88]. El informe afirma además que RTB utiliza *adtech* para «permitir la compra y venta de inventario publicitario en tiempo real[...]»[89]. Privacy International explica el RTB como «un proceso automatizado que permite a los anunciantes dirigirse a grupos muy específicos de personas en diferentes sitios web, vídeos y aplicaciones sin tener que negociar los precios directamente»[90]. La esencia del RTB radica en rastrear a un usuario de Internet mientras se mueve por la Red y crear un intrincado perfil de sus actividades que pueda ser pujado en tiempo real y explotado comercialmente con fines publicitarios. El rastreo a través de la web y de los dispositivos desplegado por la tecnología publicitaria y el

---

82. DAVIDOWITZ, S., cit., p. 211.
83. *Ibid.*, p. 219.
84. WILLIAMS, J., cit., p. 101.
85. HARRIS, T., «How Technology is Hijacking Your Mind – from a Magician and Google Design Ethicist», *Thrive global* (18 mayo de 2016).
86. *Ibid.*
87. *Ibid.*
88. «Update Report into Adtech and Real Time Bidding», Office of Information Commissioner (junio 2019), https://iapp.org/resources/article/ico-guidance-update-report-into-adtech-and-real-time-bidding-june-2019/. [consultado: 16/11/2023].
89. *Ibid.*
90. «Why Am I Really Seeing That Ad? The Answer Might Be Real Time Bidding (RTB)», *Privacy int'l*, 21 mayo 2019.

RTB suscita problemas de elaboración de perfiles desde el punto de vista de la intimidad informativa. Desde el punto de vista de la intimidad de la atención, la orientación micro-conductual dirigida a vigilar y distraer constantemente a un consumidor, mientras navega por la web, con fines comerciales socava su autonomía. La hipervigilancia constante y la super-estimulación con fines comerciales metamorfosean al individuo en un medio para un fin.

Una forma eficaz de proteger la atención individual puede ser prohibir la publicidad dirigida[91]. Sin embargo, a falta de tal restricción de la publicidad dirigida, es importante que exploremos otras vías en forma de intimidad atencional. Las tres prácticas tecno-comerciales analizadas anteriormente no son los únicos retos que deben preocuparnos desde la perspectiva de la intimidad atencional. En la siguiente sección, divido las prácticas tecno-comerciales en varias categorías en función de su impacto en la atención humana antes de embarcarnos en la formulación de un derecho a la intimidad atencional.

VII. PRÁCTICAS TECNO-COMERCIALES: INTRUSIVAS Y ADICTIVAS

1. INTRUSIVA

Los estudios existentes clasifican en gran medida las tecnologías como adictivas o intrusivas en función de su impronta técnica. Sin embargo, este análisis sería incompleto. El carácter adictivo o intrusivo de la tecnología no depende únicamente de las especificaciones tecnológicas, sino también de la lógica comercial[92]. El carácter intrusivo de una tecnología con respecto a la intimidad también varía en función del contexto. Por ejemplo, una tecnología de reconocimiento facial discreta se consideraría intrusiva desde la perspectiva de la intimidad informativa, pero quizá no desde la perspectiva de la intimidad atencional. Las llamadas telefónicas de marketing incesantes pero anónimas que una persona ignora se considerarían intrusivas desde la perspectiva de la intimidad atencional, pero quizá no desde la perspectiva de la intimidad informativa. Sin embargo, la tecnología publicitaria que crea un perfil completo para ser explotado en un intercambio de anuncios por plataformas de oferta y demanda a efectos de RTB se consi-

---

91. «El mercado de este tipo de anuncios crea una demanda increíble de atención por parte de los usuarios, tanto en el front end como en el back end: cuanto más tiempo pases en Facebook, más precisa será la segmentación y más anuncios verás. Si a esto le añadimos que los usuarios se inclinan por los contenidos provocativos, ya vemos a dónde pueden ir a parar las cosas». EDELMAN, G., «Why Don't We Just Ban Targeted Advertising?», *Wired*, 22 marzo 2020.
92. ZUBOFF, S., *The Age of Surveillance Capitalism*, 2019, p. 15.

dería intrusiva tanto desde la perspectiva de la intimidad informativa como de la atencional.

2. ADICTIVA

Los expertos discrepan sobre si las tecnologías que merman la atención pueden considerarse adicción. La quinta edición del Manual Diagnóstico y Estadístico de los Trastornos Mentales (DSM-5) incluyó el trastorno por juego en Internet (TGI) en la sección de afecciones que requieren más estudio[93]. Coloquialmente, «tecnologías adictivas» se refiere a plataformas o dispositivos de los que las personas perciben que tienen una dependencia[94]. Desde la perspectiva de la intimidad atencional, incluyo en esta categoría tanto las tecnologías inmersivas como las persuasivas. Según el informe de la Comisión de Digitalización, Cultura, Medios de Comunicación y Deporte de la Cámara de los Comunes, «las tecnologías inmersivas integran el contenido virtual con el entorno físico, "sumergiendo" así al usuario en una experiencia simulada»[95]. Las tecnologías persuasivas tienen características como el «me gusta» y notificaciones que «dirigen, empujan e influyen en el comportamiento individual para ampliar el vínculo»[96].

ALTER define la adicción como un profundo apego a una experiencia perjudicial y de la que es difícil prescindir y que conlleva la promesa de una recompensa inmediata o un refuerzo positivo[97]. En cuanto a las adicciones conductuales, ALTER afirma que «surgen cuando una persona no puede resistirse a un comportamiento que, a pesar de satisfacer una necesidad psicológica profunda a corto plazo, produce un daño significativo a largo plazo»[98]. El impacto adverso de las tecnologías adictivas puede entenderse con ejemplos de tecnología «llevable» que te permite «hacer un seguimiento de tus entrenamientos, pero también te disuade de prestar atención a las señales internas de agotamiento de tu cuerpo»[99].

Un informe de 2018 de la Oficina de Comunicaciones del Reino Unido reveló que los británicos consultan su *smartphone* cada 12 minutos[100]. El

---

93. «Am. Psychiatric Ass'n», *Diagnostic and statistical manual of mental disorders*, 2013.
94. HOUSE OF COMMONS, cit., p. 7.
95. *Ibid.*, p. 6.
96. ROYAL COLLEGE OF PSYCHIATRISTS, cit., p. 35.
97. ALTER, A., *Irresistible: the rise of addictive technology and the business of keeping us hooked*, 2017, p. 20.
98. *Ibid.*
99. *Ibid.* p. 185.
100. «Communications Market Report», *Ofcom*, 2 agosto de 2018. HOUSE OF COMMONS, cit., pp. 4-5.

exdiseñador de ética de Google Tristan HARRIS, en su testimonio ante la Cámara de los Comunes, declaró: «Hay un conjunto de técnicas que se utilizan en la industria tecnológica con el pretexto de generar "vinculación" que enmascaran otros problemas como la adicción. Básicamente se trata de secuestrar los instintos subyacentes más profundos de la mente humana»[101].

Un estudio realizado por TWENGE y MARTIN descubrió que las asociaciones entre el uso intensivo de medios digitales y el bajo bienestar psicológico son mayores para las adolescentes que para los chicos[102]. En enero de 2020, el Real Colegio de Psiquiatras señaló que existen pruebas de que la tecnología digital puede afectar negativamente a la atención de niños y jóvenes[103]. Pero ¿es posible concluir que las tecnologías intrusivas y adictivas han reducido nuestra capacidad de atención?

VIII. ¿ESTÁ DISMINUYENDO LA CAPACIDAD DE ATENCIÓN?

En 2015, un informe de Microsoft Canadá afirmaba que la capacidad media de atención humana había disminuido de 12 segundos en el año 2000 a 8 segundos en el año 2013, lo que era inferior a la capacidad de atención declarada de un pez dorado, que es de 9 segundos[104]. El informe, que inicialmente generó un gran interés[105], posteriormente se intentó rechazar[106]. En 2019, un estudio realizado por investigadores de la Universidad Técnica de Dinamarca volvió a sugerir que la capacidad de atención colectiva mundial se está reduciendo debido a la cantidad de información que se presenta al público[107]. La disminución de la capacidad de atención junto con las reticencias de muchos expertos ante aspectos de tipo conductual y psicológico merecen una respuesta ética.

---

101. HOUSE OF COMMONS, *supra* note 4, at 5.
102. TWENGE, J. M. y MARTIN, G. N. «Gender Differences in Associations Between Digital Media Use and Psychological Well-Being: Evidence From Three Large Datasets», *Adolescence* 91, 2020, p. 79.
103. ROYAL COLLEGE OF PSYCHIATRISTS, cit., p. 21.
104. GAUSBY, A., «Attention Spans», *Consumer Insights Microsoft Can.*, 2015, p. 6.
105. EGAN, T., «The Eight-Second Attention Span», *N.Y. TIMES*, 22 enero 2016; ABRAMSON, J., «Can Hillary Clinton convince in the age of the goldfish?», *The Guardian* (17 mayo 2016); MCSPADDEN, K., «You Now Have a Shorter Attention Span Than a Goldfish», *Time*, 14 mayo 2015.
106. MAYBIN, S., «Busting the Attention Span Myth», *BBC news*, 10 marzo 2017.
107. LORENZ-SPREEN, P., *et al.*, «Accelerating Dynamics of Collective Attention», 10 *Nat. commun.*,1 2019, p. 1759; MCCLINTON, D., «Global Attention Span is Narrowing and Trends Don't Last as Long, Study Reveals», *The guardian*, 17 abril 2019.

IX. ¿CÓMO SE PUEDE PROTEGER LA ATENCIÓN?

Tras destacar la importancia de la atención y los intentos de cosecharla en las secciones anteriores, examinaré ahora algunas de las respuestas plausibles al reto que plantean las tecnologías intrusivas y adictivas antes de articular mi formulación del derecho a la intimidad atencional.

Neuroética y ética del diseño

WILLIAMS ha considerado la posibilidad de invocar los conceptos de «intimidad cerebral» y «libertad cognitiva» de la neuroética para proteger la atención[108]. Hasta ahora, la intimidad cerebral se entiende desde el punto de vista de la información y en el contexto de la lectura de la mente mediante neuroimágenes[109]. La libertad cognitiva es un concepto más amplio, no centrado únicamente en la atención. Hasta ahora no se ha desarrollado una formulación bien esbozada de la intimidad atencional que proteja la autonomía individual de la embestida de la manipulación sofisticada de los macrodatos. WILLIAMS también ha tratado de hacer recaer en los diseñadores tecnológicos la responsabilidad de idear tecnologías éticas que ayuden, y no exploten, nuestra capacidad de atención[110]. Pero ¿debemos confiar únicamente en la buena voluntad de los diseñadores? Confiar demasiado en la brújula ética de los diseñadores tecnológicos puede llevarnos a una situación parecida a la *Nowheresville* de FEINBERG, donde la mayor víctima es la dignidad humana[111].

Fuerzas del mercado y tecnologías emergentes

Otra alternativa puede consistir en que las fuerzas del mercado aporten una solución, siguiendo el «Market for Lemons»[112], las empresas que promulgan tecnologías respetuosas con la atención individual ganan cuota de mercado frente a las empresas que disminuyen la atención individual. Pero si nos atenemos al estado actual del mercado, las grandes tecnológicas

---

108. WILLIAMS, J., cit., p. 112; también véase RYBERG, J., «Neuroethics and Brain Privacy: Setting the Stage», Res publica 123, p. 153; LEVY, N., NEUROETHICS: CHALLENGES FOR THE 21ST CENTURY (2010). «La libertad cognitiva es el derecho fundamental de toda persona a pensar de forma independiente, a utilizar todo el espectro de su mente y a tener autonomía sobre la química de su cerebro». SENTENTIA, W., «Neuroethical Considerations: Cognitive Liberty and Converging Technologies for Improving Human Cognition», *Annals of the New York academy of sciences* 221, 223 (2004).

109. *See* LEVY, p. 149; también véase FARAH, M. J., «Neuroethics: The Practical and the Philosophical», 9 *Trends in cognitive scis.* 2005, p. 34.

110. WILLIAMS, J., cit., p. 106.

111. FEINBERG, J., «The Nature and Value of Rights», *Value inquiry*, 4, 1970, p. 245.

112. AKERLOF, G. A., «The Market for "Lemons": Quality Uncertainty and the Market Mechanism», Q. J. ECON., 84, 1970, p. 488.

parecen haber hecho una oferta colusoria por nuestra atención. Eric GOLD-MAN ha defendido el uso de tecnologías emergentes como *«filtros coasea-nos»*[113] para ayudar a proteger la atención del individuo garantizando que sólo llegue al consumidor el material de marketing relevante[114]. Aunque esta solución puede funcionar frente al *spam* y otras tecnologías intrusivas, la hipervigilancia necesaria para que estas tecnologías sean eficaces puede convertirse en la base de tecnologías persuasivas que socaven la autonomía individual.

Codazo atencional

Otra forma de contrarrestar los super-estímulos y los hiper-empujones desplegados por el análisis de macrodatos puede ser a través de un poten-cial «empujón atencional». La Royal Society of Public Health ha pedido «la introducción de una advertencia emergente de uso intensivo en las redes sociales»[115].

Esta puede ser una forma de empujón atencional útil para contrarrestar el impacto de los super-estímulos y el hiper-empujones desplegados por el análisis de macrodatos. Anastasia KOZYREVA *et al* han abogado por el uso de herramientas cognitivas para proteger la autonomía humana frente a las técnicas de captación de la atención[116]. Elizabeth COSTA y David HAL-PERN han reclamado mecanismos a través de los cuales la comunidad de una plataforma pueda «dar codazos a los *nudgers*»[117], permitiendo la nego-ciación colectiva de prácticas y normas adecuadas[118]. Los empujones aten-cionales pueden ser un dispositivo útil contra las tecnologías persuasivas. Sin embargo, hasta ahora no hemos visto el despliegue de ninguna medida tecnológica significativa a gran escala que actúe como empujón potenciador de la autonomía y protector de la atención. A falta de una intervención sig-nificativa de las fuerzas del mercado y sin pretender confiar únicamente en la brújula ética de los diseñadores tecnológicos, articulo una formulación dual del derecho a la intimidad atencional.

---

113. GOLDMAN, E., «A Coasean analysis of marketing», *Wisconsin law review*, 2006, pp. 1154-56.
114. *Ibid.*, pp. 1202-1209.
115. THE ROYAL SOCIETY OF PUBLIC HEALTH, «Status of Mind: Social media and young people's mental health», 2017, p. 24.
116. KOZYREVA, A., LEWANDOWSKY, S. y HERTWIG, R., «Citizens Versus the Internet: Confronting Digital Challenges With Cognitive Tools», 21(3) *Psychological science in the public interest*, 2020, p. 103.
117. COSTA, E. y HALPERN, D., «The behavioural science of online harm and manipu-lation, and what to do about it: An exploratory paper to spark ideas and debate», 2019, p. 57.
118. *Ibid.*

X. EL DERECHO A LA INTIMIDAD ATENCIONAL

Hasta ahora, he esbozado los aspectos funcionales de la atención y cómo se cosecha la atención con fines comerciales. Ahora esbozaré una explicación de los derechos morales de la intimidad atencional, comenzando con una formulación raziana del interés en la atención. Desde un punto de vista filosófico moral, «X tiene un derecho si y sólo si X puede tener derechos, y en igualdad de condiciones, un aspecto del bienestar de X (su interés) es razón suficiente para considerar que otra(s) persona(s) tiene(n) un deber»[119]. La atención humana es un recurso inestimable y escaso, esencial para dar sentido a la realidad cotidiana y formular objetivos a largo plazo. La disminución de la capacidad de atención merma la autonomía individual, es decir, la capacidad de trazar el propio curso de acción. WILLIAMS ha identificado tres formas de capacidades atencionales que son objetivos de la «persuasión industrializada de la economía de la atención»[120]:

a. Nuestras capacidades inmediatas para orientar la conciencia y la acción hacia las tareas.

b. Nuestras capacidades más amplias para navegar por la vida «según las estrellas» de nuestros objetivos y valores superiores.

c. Nuestras capacidades fundamentales (como la reflexión, la meta-cognición, la razón y la inteligencia) que nos permiten definir nuestros objetivos y valores para empezar[121].

Estas capacidades atencionales indican claramente que un individuo tiene un enorme interés en proteger su atención. A la vista de la formulación raziana expuesta anteriormente, el derecho a la intimidad atencional puede formularse como:

Una persona tiene interés en proteger su atención, lo que, en igualdad de condiciones, es razón suficiente para considerar que los comerciantes de atención tienen una obligación.

En la fase actual de desarrollo tecnológico, la naturaleza de este deber radica en que los comerciantes de atención no desplieguen super-estímulos e hiper-empujones para cosechar la atención individual.

El resto del capítulo se dedica a explorar la formulación positiva y negativa de este derecho.

---

119. RAZ, J., *The morality of freedom*, 1986, p. 166.
120. WILLIAMS, J., cit., p. 48.
121. *Ibid.*, p. 49.

1. INTIMIDAD ATENCIONAL NEGATIVA

Esporádicamente han surgido peticiones de intimidad atencional[122]. Como todas las demás formas de intimidad tradicional, la intimidad atencional se ha definido hasta ahora como una libertad negativa. La libertad negativa responde a la pregunta: «[C]uál es el ámbito dentro del cual el sujeto (una persona o grupo de personas) es o debe ser dejado hacer o ser lo que es capaz de hacer o ser, sin interferencia de otras personas?»[123]. KOOPS *et al* afirman: «MOTYKA identifica una forma de "intimidad atencional" que protege la soledad y el aislamiento asegurándolo contra el contacto no deseado, por ejemplo, perturbar el descanso de una persona o entrometiéndose en una persona mediante prácticas de marketing onerosas o no deseadas (teléfono, correo, correo electrónico, etc.)»[124].

Esta concepción negativa de la intimidad puede mantener a raya las tecnologías intrusivas, pero serviría de muy poco frente a tecnologías adictivas como las redes sociales, que clásicamente nos condicionan como a los «perros de Pavlov»[125].

2. INTIMIDAD ATENCIONAL POSITIVA

A diferencia de la libertad negativa, la libertad positiva trata de responder a la pregunta «¿Qué, o quién, es la fuente de control o interferencia que puede determinar que alguien haga, o sea, esto en lugar de aquello?»[126]. CARTER afirma: «La libertad positiva es la posibilidad de actuar (o el hecho de actuar) de tal manera que uno tome el control de su vida y realice sus propósitos fundamentales»[127]. Cuando uno lee la invocación de BERLIN a la libertad positiva, casi parece un testamento a la intimidad atencional:

> «Deseo, sobre todo, ser consciente de mí mismo como ser pensante, dispuesto y activo, responsable de mis decisiones y capaz de explicarlas por referencia a mis propias ideas y propósitos. Me siento libre en la medida en que creo que esto es cierto, y esclavizado en la medida en que me doy cuenta de que no lo es»[128].

Como dice sucintamente CARTER: «Para ser libre, debes estar autodeterminado, es decir, debes ser capaz de controlar tu propio destino en tu

---

122. FRIEDMAN, D., cit., p. 23.
123. BERLIN, I., cit., p. 169.
124. KOOPS, B. J. *et al*, cit., p. 187; MOTYKA, K, p. 9.
125. HARRIS, T., cit., p. 84; véase también FLORY, A. C., «How Social Media Turns Us Into Pavlov's Dogs», 8 abril 2018.
126. BERLIN, I., cit., p. 169.
127. CARTER, I., «Positive and Negative Liberty», Stan. encyclopedia phil.
128. BERLIN, I., cit., p. 178.

propio interés»[129]. Un reto importante contra la intimidad atencional es la eficacia de tal derecho a la luz del hecho de que la atención es una de las facultades fundamentales que se despliega constantemente para dar sentido al mundo[130]. ¿Cómo distinguimos entre el despliegue necesario y la extracción manipulada de este recurso escaso? La formulación de Raz, junto con la concepción berlinesa de la libertad positiva y negativa, nos ayuda a formular una respuesta a este reto[131]. Si interpretamos el derecho a la intimidad atencional como una salvaguarda contra los intentos de socavar nuestra autonomía, entonces podemos escapar a la posibilidad de extralimitarse e interpretar cualquier distracción trivial como una violación del derecho a la intimidad atencional. También se puede recurrir a la distinción de HENDLIN entre super-estímulos y estímulos normales.

Los super-estímulos son «imperiosos» porque tratan de captar la atención de quienes se encuentran con ellos de forma violenta y dominante; mientras que los objetos sin pretensiones «suplican» al mundo, «mendigan a nuestros sentidos un significado». El elemento de fuerza y coerción falta en los encuentros con estímulos normales, mientras que los super-estímulos «marionetan» nuestras emociones, sin darnos opción. Los estímulos normales invitan a elegir[132].

Así pues, el derecho a la intimidad atencional existe para proteger frente a los intentos de socavar la autonomía de un individuo mediante la captación de su atención a través de super-estímulos e hiper-empujones. Esta formulación exigiría un cambio de paradigma, ya que la intimidad se ha entendido tradicionalmente en el contexto de la intimidad informativa y decisional[133]. Sin embargo, el enorme poder que ejercen las grandes tecnológicas sobre nuestra distraída existencia diaria debe ser contrarrestado con una nueva concepción de la intimidad, que esté impregnada de autonomía individual y proteja la atención[134]. Esto supondría imponer a gobiernos y empresas la obligación positiva de producir tecnologías que respeten la atención individual y no instiguen su robo. Como afirma LEVY, «[L]a autonomía depende del entorno desde el punto de vista del desarrollo: nos convertimos en individuos autónomos, capaces de controlar nuestro comportamiento a la luz de nuestros valores, sólo si el entorno en el que crecemos

---

129.   CARTER, I., cit., p. 126.
130.   BERLIN, I., cit., p. 30.
131.   BERLIN, I., cit., p. 30; RAZ, J., cit., p. 118.
132.   HENDLIN, Y. H., cit., p. 146.
133.   Para la tipología de la intimidad KOOPS, B. J., cit., p. 30. Sobre el impacto de los hiper-empujones en la intimidad informativa y decisoria, véase LANZING, M., cit., p. 32.
134.   Sobre el dominio de las grandes empresas tecnológicas véase EDRI, «Big Tech's dominance: only laws can limit its power», 11 diciembre 2020.

está adecuadamente estructurado para recompensar el autocontrol»[135]. Coincido con WILLIAMS en que debe defenderse absolutamente el derecho de los usuarios a ejercer y proteger su libertad de atención bloqueando la publicidad que deseen[136]. Una formulación positiva de la intimidad atencional obliga a las grandes corporaciones tecnológicas a alinear sus intereses comerciales con los intereses del individuo. Además, una formulación positiva de la intimidad hace recaer sobre el Estado la responsabilidad de introducir salvaguardias normativas que den prioridad a la autonomía individual frente a los beneficios empresariales.

Antes de concluir, deseo destacar el daño sufrido por la violación de la intimidad atencional. La pendiente resbaladiza que surge al desviar forzosamente la atención de las personas quizá quede mejor ilustrada por la disidencia del juez DOUGLAS en *Public Utilities Commission* v. *Pollak*[137]. El juez DOUGLAS sostuvo que la emisión de programas de radio y anuncios publicitarios en los tranvías y autobuses regulados por el gobierno en el Distrito de Columbia violaba la intimidad de los pasajeros que utilizaban el transporte público[138]. En su voto particular, el juez DOUGLAS advirtió que:

> «Cuando obligamos a la gente a escuchar ideas ajenas, damos al propagandista un arma poderosa. Hoy es una empresa comercial que elabora un programa de radio bajo los auspicios del gobierno. Mañana puede ser un partido político dominante o grupo religioso. En la actualidad, el propósito es benigno; no hay un matiz injusto en los programas. Pero el vicio es inherente al sistema. Una vez que se invade la intimidad, la intimidad desaparece. Una vez que se obliga a un hombre a someterse a un tipo de programa de radio, se le puede obligar a someterse a otro. De un programa cultural a un programa político no hay más que un paso»[139].

Al analizar críticamente la sentencia del Tribunal Supremo en el asunto *Comisión de Servicios Públicos* contra *Pollak desde* una perspectiva histórica, RUSSO ha reflexionado en su conclusión:

> «¿Y si el Tribunal Supremo hubiera decidido que existía un derecho a la atención? La industria de la época temía sin duda que esto permitiera un ataque general contra la publicidad en su conjunto. ¿Cómo sería nuestro mundo hoy si la "libertad de atención" fuera un derecho?»[140].

---

135. LEVY, N., cit., p. 215.
136. WILLIAMS, J., cit., p. 112.
137. *Pub. Util. Comm'n of D.C. v. Pollak*, 343 U.S. 451, 467 (1952) (DOUGLAS, J., dissenting).
138. *Ibid.*, pp. 467-69.
139. *Ibid.*, p. 469; véase también RUSSO, A., cit., p. 13.
140. RUSSO, A., cit., pp. 14-15.

BEATTY previó una libertad similar al analizar la sentencia del Tribunal de Apelación en el mismo litigio[141]. Espero que este artículo marque el inicio del camino hacia la libertad prevista por BEATTY y RUSSO.

XI. CONCLUSIÓN

Comencé este artículo llamando su atención sobre un trío improbable, que por obligación constitucional (juez), trabajando en la «Zona Silenciosa de la Radio Nacional» (astrónomo)[142] y voto espiritual (monje), respectivamente, estaban al abrigo de las diversas distracciones de la tecnología. Estoy seguro de que al lector no se le escapa la cínica enormidad de la necesidad de intervención institucional para proteger la atención. Irónicamente, en la actualidad pasamos la mayor parte de nuestro tiempo en instituciones de medios sociales creadas por las grandes tecnológicas para cosechar nuestra atención. Si necesita más pruebas de esto, piense en cuántas veces se distrajo con la necesidad de consultar su teléfono o su correo mientras leía este artículo. Durante demasiado tiempo, en lugar de prestar nuestra atención, hemos estado pagando con nuestra atención[143]. Ha llegado el momento de protegerla.

---

141. «La vida urbana exige sufrir algo de ruido, y un pasajero del transporte rápido moderno no puede quejarse de que esos ruidos, que son los incidentes ordinarios de ese tipo de viajes, atenten contra su libertad de atención. Puede que algunas molestias sean inevitables, pero la escucha forzada de una radio, aunque sólo emita música ocasionalmente, no es "ni fortuita ni inevitable"» BEATTY, W.-C., cit., pp. 53-54.

142. LEVIN, D., cit., p. 1.

143. CRAWFORD, M. B. «The Cost of Paying Attention», *N.Y. TIMES*, 7 marzo 2015; véase también RICHARDS, C., «What Is Our Attention Really Worth?», *N.Y. TIMES*, 3 agosto 2015.

Integridad mental en la economía de la atención: en busca del derecho a la atención[1]

BARTLOMIEJ CHOMANSKI
Profesor ayudante de Filosofía
Universidad Adam Mickiewicz, Poznan (Polonia)

I. INTRODUCCIÓN

¿Está mal distraer? ¿Está mal dirigir la atención de los demás de un modo que de otro modo no elegirían? En caso afirmativo, ¿cuáles son los fundamentos de este mal y, al exponerlos, tenemos que condenar al mismo tiempo buena parte del comercio digital contemporáneo, también conocido como la economía de la atención?

---

1. Traducción de Alfonso Ballesteros Soriano. Publicado originalmente en *Neuroethics* (2023) 16:8 https://doi.org/10.1007/s12152-022-09514-x con licencia Creative Commons [consultado: 26/10/2023]. Agradezco su apoyo al Rotman Institute of Philosophy. También deseo dar las gracias a Emily Davidson por sus útiles discusiones sobre el contenido de este manuscrito, y a Anthony Skelton por sus ánimos y consejos. Este trabajo ha contado con el apoyo de una beca de investigación de verano del Rotman Institute of Philosophy de la Western University [N. del A.].

A continuación, intento arrojar luz sobre estas cuestiones. En concreto, sostengo —siguiendo el trabajo pionero de J. TRAN[2] y A. PURI[3]— que existe un derecho a la atención, y que su existencia subyace a algunas de nuestras afirmaciones sobre la ilicitud de las distracciones. Sin embargo, me aparto de estos dos autores en dos aspectos: en primer lugar, presento una nueva forma de derivar el derecho a la atención, basándolo en el derecho más fundamental a la integridad mental. En segundo lugar, no me pronuncio sobre si las prácticas comerciales contemporáneas de captar la atención a cambio de diversos productos y servicios digitales están plagadas de violaciones rutinarias del derecho.

En el marco de TRAN y PURI, el derecho a la atención se postula como un remedio a las depredaciones perpetradas por los llamados *comerciantes de atención*[4]. Los comerciantes de atención son aquellas empresas (principalmente digitales) que comercian con la atención humana; son los actores centrales de la economía de la atención: un nexo de transacciones económicas en el que la atención desempeña el papel de un bien escaso, suministrado por usuarios/consumidores (a los que podríamos llamar prestadores de atención) y demandado por diversas empresas. En palabras de A. PHAM y C. CASTRO[5], la economía de la atención está «constituida por dos tipos de transacciones: aquellas en las que los consumidores prestan literalmente su atención a los desarrolladores de nuevos medios a cambio de un servicio (como un *feed* de noticias o acceso a las fotos de sus amigos), y aquellas en las que los desarrolladores subastan la atención de los consumidores a los anunciantes». Adopto su definición en lo que sigue.

Esta forma de hacer negocios, aunque posiblemente anterior a Internet[6], se ha convertido en uno de los modelos dominantes del comercio digital y, tras arrasar más o menos en todo el mundo, ha atraído mucha atención académica. El veredicto de los académicos ha sido mayoritariamente crítico, al menos en los últimos años.

Las acusaciones contra la economía de la atención son legión: desde los efectos nocivos que sus productos tienen en la salud mental de sus usua-

---

2.   TRAN, J. L., «The Right to Attention». *Indiana Law Journal*, 91, 2015, pp. 1023-1064.
3.   PURI, A., en esta obra.
4.   WU, T., *The attention merchants: The epic scramble to get inside our heads*, 1st ed. Alfred A. Knopf, Nueva York 2016.
5.   CASTRO, C., y A. K. PHAM., «Is the Attention Economy Noxious?» *Philosophers' Imprint* 20 (17), 2020, pp. 1-13.
6.   WU, T., The attention merchants..., *cit.*, *passim*.

rios[7] y en sus capacidades cognitivas[8], pasando por la explotación de los datos privados de los usuarios[9], hasta el fomento de conductas adictivas[10]. También se han debatido los efectos de la economía de la *atención* en la capacidad mental del mismo nombre, por supuesto, con un sesgo crítico. En el proceso, ha surgido una solución especialmente interesante para (algunos de) los supuestos problemas que está causando la economía de la atención: abogar por el reconocimiento del llamado «derecho a la atención» y, en consecuencia, quizá también por la necesidad de protegerlo mediante la legislación. En una primera aproximación, el derecho a la atención sería, *grosso modo*, el derecho a dirigir nuestra atención, cuando está sujeta a control voluntario, como mejor nos parezca, y, además, el derecho a no sufrir distracciones (es decir, intentos de redirigir nuestra atención contra nuestra voluntad) impuestas por otros. TRAN sostiene que el derecho legal a la atención puede derivarse de la legislación estadounidense, mientras que PURI sostiene que el derecho a la atención está justificado porque es un derecho que protege nuestros intereses fundamentales.

Aunque existen similitudes entre las líneas argumentales de TRAN y PURI, también presentan diferencias significativas (además de que el análisis de TRAN se realiza desde una perspectiva tanto jurídica como moral, mientras que PURI se centra solo en los argumentos morales). Como explica PURI, TRAN defiende una versión más amplia del derecho a la atención, opuesto a la PURI, más acotada, al «derecho a la intimidad atencional»: mientras que TRAN habla, adicionalmente, del derecho a la atención como el derecho del individuo de dirigir la atención como desee. El enfoque de PURI se centra en «proteger la atención del agresivo ataque de las tecnologías adictivas, inmersivas y persuasivas»[11]. Por último, PURI concibe el derecho a la intimidad atencional como un derecho tanto negativo como positivo, mientras que TRAN se centra principalmente en la defensa del derecho negativo a la atención.

El capítulo se estructura del siguiente modo. En la siguiente sección, presento el argumento del derecho a la integridad corporal al derecho a la

---

7. TWENGE, J. M., T. E. JOINER, M. L. ROGERS, and G. N. MARTIN, «Increases in depressive symptoms, suicide-related outcomes, and suicide rates among US adolescents after 2010 and links to increased new media screen time», *Clin Psychol Sci* 6 (1), 2018, pp. 3-17.

8. CARR, N., «Is Google making us stupid?» *Yearbook of the National Society for the Study of Education*, 107 (2), 2008, pp. 89-94.

9. VÉLIZ, C., *Privacy is Power: Why and How You Should Take Back Control of Your Data*, Bantam Press, Londres 2020.

10. DEJONG, S. M., «Problematic internet use: A case of social media addiction», *Adolesc Psychiatry* 4 (2), 2014, pp. 112-115.

11. PURI, A., en esta obra.

atención. En la sección 3 especifico en qué consiste el derecho a la atención dentro del marco filosófico contemporáneo de la concepción de los derechos. La sección 4 presenta la negativa evaluación de TRAN y PURI sobre la ética de la economía de la atención y ofrece —sin argumentar a favor de ella— una descripción alternativa. La sección 5 concluye.

II. DE LA INTEGRIDAD CORPORAL AL DERECHO A LA ATENCIÓN

El argumento de esta sección es el siguiente: (1) existe un derecho no-absoluto (*pro tanto right*) [12] a la integridad corporal; (2) si existe un derecho a la integridad corporal, entonces existe un derecho a la integridad mental; (3) si existe un derecho a la integridad mental, entonces existe un derecho a la atención; (4) por lo tanto, existe un derecho no-absoluto a la atención.

Considero que (1) es cierta. A continuación, expondré los argumentos (en mi opinión) más convincentes a favor de (2) (al hacerlo, me basaré en el reciente trabajo de T. DOUGLAS y L. FORSBERG sobre este tema [13]). Argumentaré a favor de (3) afirmando que la atención es fundamental para las capacidades que se supone que protege el derecho a la integridad mental. Los términos cruciales utilizados en la argumentación se aclararán a continuación.

1. DE LA INTEGRIDAD CORPORAL A LA INTEGRIDAD MENTAL

Según DOUGLAS y FORSBERG [14], el derecho a la integridad corporal es el «derecho contra (ciertos tipos de) injerencias corporales significativas y no consentidas». En consecuencia, el derecho a la integridad mental de PURI se ciñe únicamente a argumentos morales. Como explica PURI, TRAN defiende una versión más amplia del derecho a la atención, frente al «dere-

---

12. Las personas que dudan de la existencia del derecho a la integridad física (tal vez debido a un escepticismo general sobre los derechos) podrían simplemente eliminar la primera premisa y sustituir la conclusión categórica por la condicional: Si existe el derecho a la integridad física, entonces existe el derecho a la atención. Los derechos *pro tanto* son aquellos que pueden anularse en circunstancias excepcionales. Esta calificación debe entenderse como aplicable a todas las menciones de «derecho» en el argumento, a menos que se especifique lo contrario.

13. DOUGLAS, T., y FORSBERG, L. «Three Rationales for a Legal Right to Mental Integrity», en *Neurolaw: Advances in Neuroscience, Justice & Security*, LIGTHART, S., VAN TOOR, D., KOOIJMANS, T., DOUGLAS, T., y MEYNEN, G., Springer International Publishing, Cham, 2021, pp. 179-201.

14. DOUGLAS, T. y FORSBERG L., «Three Rationales for a Legal Right to Mental Integrity», en *Neurolaw: Advances in Neuroscience, Justice & Security*, LIGTHART, S., VAN TOOR, D. KOOIJMANS, T., DOUGLAS, T. y MEYNEN, G. (ed.), Springer International Publishing, Cham 2021, pp. 179-201, p. 180.

cho a la intimidad atencional» de PURI, más restringido: mientras TRAN habla además del derecho a la atención como abarcando el derecho de un individuo a desplegar su atención como quiera, PURI se centra en el derecho a la intimidad atencional como «proteger la atención del ataque de intrusos», sería «un derecho contra (ciertos tipos de) intromisiones [significativas] no consentidas mentalmente»[15]. ¿Por qué pensar que existe este último derecho? DOUGLAS y FORSBERG catalogan tres tipos fundamentos para ello; aquí me centraré en la idea de que el derecho a la integridad mental debería respaldarse como una cuestión de «coherencia justificativa». En otras palabras, deberíamos reconocer el derecho a la integridad mental porque está respaldado por el mismo tipo de justificaciones que respaldan el derecho a la integridad corporal.

DOUGLAS y FORSBERG barajan una serie de justificaciones de este tipo, empezando por la apelación a la noción de autopropiedad, defendida por J. BUBLITZ y R. MERKEL[16]. La idea es que, en primer lugar, tenemos derecho a no sufrir injerencias corporales porque *somos dueños de nosotros mismos*, y esto, por supuesto, incluye nuestros cuerpos. Sin embargo, BUBLITZ y MERKEL afirman que «lo que es aún más constitutivo de un sujeto que su cuerpo es su mente. Así pues, quienquiera que conceda la autopropiedad de las personas sobre sus cuerpos tiene una razón de peso para conceder la autopropiedad sobre las mentes»[17]. Así pues, una razón para respaldar el derecho a la integridad mental se debe al principio de autopropiedad, utilizado originalmente para apoyar el derecho a la integridad corporal. Si somos dueños de nuestros cuerpos y, por tanto, tenemos los correspondientes derechos sobre ellos, también somos dueños de nuestras mentes y tenemos los correspondientes derechos sobre ellas.

DOUGLAS y FORSBERG sostienen que los argumentos a favor de la integridad mental también podrían esgrimirse utilizando otros derechos relacionados, como el de «soberanía personal». La idea aquí es que los derechos de autopropiedad y soberanía personal[18] son derechos contra la *intromisión con el yo*. Tales derechos fundamentan, como resultado, el derecho contra la intromisión en el cuerpo de una persona, porque mi cuerpo

---

15. PURI, A., en esta obra.
16. BUBLITZ, J. C., y MERKEL. R., «Crimes against minds: On mental manipulations, harms and a human right to mental self-determination», *Crim Law Philos* 8 (1), 2014, pp. 51-77.
17. BUBLITZ y MERKEL, *cit.*, p. 62.
18. Según DOUGLAS y FORSBERG, el derecho a la soberanía personal debe «entenderse por analogía con los derechos de los Estados sobre su territorio. Ambos tipos de derechos [es decir, la autopropiedad y la soberanía personal] se refieren al yo o a la persona... y normalmente se considera que ambos incluyen o implican derechos contra la injerencia en el yo». *cit.*, p. 191.

es, en algún sentido relevante, una parte de mí mismo. Pero, por la misma razón, también fundamentan el derecho contra la intromisión en la mente de la persona, ya que las mentes son partes (en cierto sentido) de las personas como lo son los cuerpos.

Por último, DOUGLAS y FORSBERG sugieren que, en la medida en que los derechos contra la interferencia corporal protegen nuestros intereses importantes, la protección de esos mismos intereses también justifica los derechos contra la interferencia mental.

El interés en el que se centran en su artículo es la autonomía, que entienden, a grandes rasgos, como la capacidad de controlar la propia vida sin influencias indebidas de otros. La intromisión con el propio cuerpo socava la autonomía, pero, como señalan DOUGLAS y FORSBERG, «las intromisiones con la mente pueden ser tan amenazadoras para la autonomía como las intromisiones con el cuerpo»[19]. Por ejemplo, que te obliguen a tirarte a la vía del tren porque alguien te ha empujado es una violación de tu autonomía, como que te laven el cerebro contra tu voluntad para que creas en una teoría de la conspiración. Ambas violaciones incluyen la pérdida de control autónomo sobre la propia vida. En consecuencia, si pensamos que el derecho a la integridad corporal está justificado porque protege nuestros intereses de autonomía, deberíamos pensar que el derecho a la integridad mental también está justificado porque protege esos intereses.

Con esto concluye la reafirmación de lo que considero un argumento convincente para la premisa (2): si hay derecho a la integridad corporal, entonces hay derecho a la integridad mental. Ahora argumentaré que la atención es esencial para mantener la integridad mental.

2. DE LA INTEGRIDAD MENTAL AL DERECHO DE ATENCIÓN

La premisa (3) es cierta porque la atención, según sus principales teorías, es un aspecto central e indispensable de la mente; en concreto, es fundamental para llevar a cabo varias funciones importantes de la mente. Según estas teorías, la atención es esencial para una serie de aspectos cruciales de nuestra vida mental, desde permitir una percepción precisa de los objetos hasta ser constitutiva de nuestra personalidad. Por tanto, para proteger nuestra mente de intromisiones, debemos proteger también su componente «estructural» central.

---

19. DOUGLAS y FORSBERG, *cit.*, p. 192.

Así pues, pasemos a las teorías más específicas de la atención (para una visión general, véase MOLE[20]): según S. WATZL, la atención es responsable de estructurar toda la esfera mental en términos de a qué dar prioridad, es decir, a qué prestar atención[21]. Según la teoría de W. WU, la atención es necesaria para la agencia[22]. Según J. CAMPBELL, la atención es necesaria para la referencia demostrativa[23]. Según J. PRINZ, la atención es necesaria para permitir el procesamiento del contenido en la memoria de trabajo y, por lo tanto (en opinión de PRINZ), para permitir que dicho contenido se haga consciente[24]. A. TREISMAN[25] sostiene que la atención es necesaria para resolver el problema de la vinculación, es decir, esencialmente necesaria para percibir con precisión las propiedades de los objetos. La postura de J. GANERI[26] sobre la atención es que:

> La atención [...] tiene un papel explicativo en la comprensión de la naturaleza de la acción mental en general y de acciones mentales específicas como la intención, el recuerdo, la introspección y la empatía. Tiene un papel central a la hora de explicar la estructura de lo fenoménico y del acceso cognitivo, el concepto de intencionalidad o direccionalidad de lo mental, la unidad de la conciencia y la epistemología de la percepción. Y la atención también es clave para explicar la naturaleza de las personas y su identidad, la distinción entre uno mismo y los demás y la psicología moral que se basa en ella[27].

Así pues, parece innegable que la atención es una capacidad mental central, «un fenómeno mental que da forma dramáticamente a la agencia y la experiencia humanas, incluida la investigación científica y moral, al menos tanto como la percepción, la creencia y el deseo»[28]. La atención parece desempeñar un papel crucial en la conciencia y la cognición, la percepción y la acción, y quizá en la identidad y la personalidad.

---

20. MOLE, C. «Attention», en *The Stanford Encyclopedia of Philosophy*, ZALTA, E. (ed.), 2021. https://plato.stanford.edu/archives/win2021/entries/attention/ [consultado: 6/10/2023].

21. WATZL, S., *Structuring mind: the nature of attention and how it shapes consciousness*, Oxford University Press, Oxford-Nueva York 2017.

22. WU, W., *The Attention Merchants, cit.*, passim.

23. CAMPBELL, J. (2002). Reference and consciousness. Oxford; New York: Clarendon Press; Oxford University Press.

24. PRINZ, J. J., *The conscious brain: how attention engenders experience.* Oxford University Press, Oxford-New York 2012.

25. TREISMAN, A., «Feature binding, attention and object perception», *Philosophical Transactions of the Royal Society of London. Series B: Biological Sciences*, 353 (1373), 1998, pp. 1295-1306.

26. GANERI, J., *Attention, not self*, Oxford University Press, Londres 2017.

27. GANERI, J., *Attention, not self, cit.*, p. 1.

28. WATZL, S., «The Ethics of Attention: a Framework», en *Salience: A Philosophical Inquiry*, ARCHER S. (ed.), Routledge, Londres, en prensa, p. 1.

Por consiguiente, si queremos proteger nuestras mentes de intromisiones indebidas, necesitamos proteger especialmente las capacidades centrales para el funcionamiento de nuestras mentes, es decir, necesitamos proteger nuestra atención[29]. De hecho, si teóricos como GANERI están en lo cierto, proteger la atención es crucial para proteger casi todo lo valioso de nosotros mismos. De este modo, el derecho a no interferir en nuestra mente nos lleva al derecho a no interferir en nuestra forma de prestar atención.

Con esto concluye el argumento a favor del derecho a la atención, construido, por un lado, a partir de premisas normativas intuitivamente atractivas y, por otro, a partir de la opinión casi consensuada sobre la importancia de la atención para nuestras vidas mentales (y más allá).

III. ¿QUÉ TIPO DE DERECHO ES EL DERECHO A LA ATENCIÓN?[30]

1. FORMA Y FUNCIÓN

El derecho a la atención, así entendido[31], puede considerarse tanto un derecho-libertad (*liberty right*) como un derecho-exigencia (*claim right*). En un primer término, parece que podríamos decir que lo que significa para nosotros tener derecho a la atención es que *no tenemos el deber de no* dirigir nuestra atención («de arriba a abajo»[32]) a lo que queramos (aunque hay

---

29. Para verlo, consideremos el siguiente escenario: imaginemos una tecnología futurista que permite a una persona controlar lo que otra percibe, lo que cree y lo que desea. Supongamos que dicha tecnología se utiliza contra una persona, A. Sería absurdo decirle a A: «Claro, todas estas capacidades mentales están controladas por esta tecnología, pero tu mente sigue estando protegida». Por lo tanto, para proteger la mente, necesitamos proteger las capacidades centrales de su funcionamiento. La atención, a su vez, está a la par con estas capacidades en lo que respecta al funcionamiento de nuestras mentes (o, alternativamente, podría subyacer al despliegue de estas capacidades). En cualquier caso, para proteger la mente, debemos proteger la atención.

30. Esta sección sigue la concepción estándar de la filosofía contemporánea de los derechos, tal y como se expone en WENAR, L., en *Rights*, The Stanford Encyclopedia of Philosophy, E. N. Zalta (ed.), 2021. Véase también FAGAN, A, *Human Rights. Internet Encyclopedia of Philosophy*, 2005, https://iep.utm.edu/hum-rts/ [consultado: 6/10/2023].

31. Es decir, por analogía con el derecho a la integridad corporal.

32. La distinción entre atención descendente y ascendente es habitual en la ciencia cognitiva. Por lo general, la atención descendente está bajo control voluntario, mientras que la ascendente no. Por tanto, si la atención ascendente no está sujeta a un control voluntario, entonces no podemos tener derecho a dirigirla como queramos. Véase, para una discusión más extensa de esta distinción: DICEY JENNINGS, C. & TABA-TABAEIAN, S. «Attention, Technology, and Creativity», en *Scenes of Attention: An Interdisciplinary Inquiry*, GRAHAM BURNETT, D. y SMITH, J. E. H. (eds.), Columbia University Press, en prensa. https://philpapers.org/rec/JENATA-3 [consultado: 6/10/2023].

excepciones a esto, que se mencionarán más adelante); por tanto, *un derecho--libertad*. Pero esta lectura parece incompleta, ya que no capta todo el espíritu de la postura de TRAN o PURI sobre el derecho a la atención, ni las afirmaciones de DOUGLAS y FORSBERG sobre los derechos a la integridad corporal y mental. Así que, en términos más contundentes, podríamos decir que lo que significa para nosotros tener derecho a la atención es que *los demás tienen el deber de no interferir* en la forma en que asignamos nuestra atención[33] (de nuevo, con excepciones); de este modo, consideraríamos el derecho a la atención tanto un derecho de libertad como un derecho-exigencia[34]. En consecuencia, puesto que el derecho a la atención es alienable, tenemos el *derecho-poder* de renunciar a él y hacer que los demás puedan interferir en nuestra atención (es decir, distraernos).

El derecho de libertad a la atención sería entonces el derecho a dirigir nuestra atención como nos plazca. El derecho-exigenica sería el derecho a estar libre de distracciones impuestas a nuestra atención por otros.

¿Qué puede hacer por nosotros el derecho a la atención? Como ocurre con otros derechos, las teorías sobre la función del derecho a la atención pueden apuntar a (a) garantizar importantes interesantes del individuo (la teoría del interés) o (b) proteger nuestra propia soberanía con respecto a nuestras mentes (la teoría de la voluntad) en respuesta a esta pregunta.

La atención, a la luz de la subsección 2.1, es crucial para percibir, recordar, actuar y ocuparnos de otro modo de los elementos del mundo. Tenemos un interés evidente en ser capaces de percibir, recordar y navegar por el mundo que nos rodea. Es bueno para nosotros poder hacer estas cosas. Por eso nos interesa que nuestra atención funcione sin perturbaciones.

Más básicamente, consideremos la siguiente lista de intereses humanos fundamentales, cortesía de un destacado teórico del interés: «la vida y su capacidad de desarrollo; la adquisición de conocimientos, como un fin en sí mismo; el juego, como la capacidad de recreación; la expresión estética; la sociabilidad y la amistad; la razonabilidad práctica, la capacidad de pro-

---

33. Tanto la atención descendente como la ascendente pueden protegerse mediante este derecho. Otros pueden tener el deber de no obligarnos a dirigir nuestra atención voluntaria hacia algún estímulo, y el deber de no distraer nuestra atención descendente atrayendo nuestra atención ascendente.

34. Tengo un derecho de libertad a φ si no tengo el deber de no φ. Tengo un derecho de libertad a derecho-derecho contra alguna otra persona (o personas) que φ si alguna otra persona (o personas) tienen el deber de φ. El deber puede ser negativo, es decir, no interferir en mis acciones. Tengo el derecho de poder si tengo el derecho de cambiar los deberes de los demás. Para más información, véanse WENAR y FAGAN, ya citados.

cesos de pensamiento inteligentes y razonables; y, por último, la religión, o la capacidad de experiencia espiritual»[35], resumiendo a FINNIS[36]. Parece que todos o casi todos estos intereses presuponen la capacidad de dirigir y mantener nuestra atención en lo lúdico, lo bello, lo racional y lo divino. Así pues, el derecho a la atención queda provisionalmente respaldado por la teoría del interés de los derechos[37].

En virtud de la protección de nuestra capacidad de ser soberanos sobre nuestras mentes, el derecho a la atención también está respaldado por la teoría de la voluntad de los derechos. El derecho a la atención protege nuestra capacidad de elegir dónde la asignamos y, por tanto, qué y cómo percibimos, qué recordamos y qué hacemos. Protege lo que podríamos llamar nuestra libertad mental para estructurar nuestra vida humana como mejor nos parezca. Es *nuestra* mente y sólo nosotros podemos decidir lo que otros pueden hacer con ella.

Probablemente no sea una coincidencia que DOUGLAS y FORSBERG apelen tanto a la soberanía como a los intereses en su relato citado anteriormente, haciendo un paralelismo entre las dos principales justificaciones de los derechos.

2. LIMITACIÓN, RENUNCIA Y ANULACIÓN DEL DERECHO A LA ATENCIÓN

Al igual que ocurre con los derechos a la integridad física y mental, y en línea con DOUGLAS y FORSBERG, el derecho a la atención debe concebirse como un derecho contra la *intromisión significativa y no consentida*. En consecuencia, no todas las distracciones se considerarán violaciones, porque no todas las injerencias cumplen estas dos condiciones (TRAN y PURI también lo señalan). Por ejemplo, es extraño pensar que mostrar titulares que «llamen la atención» (por ejemplo, en un periódico en un quiosco) o llevar ropa chillona sean violaciones de derechos, aunque parezcan —o estén— diseñados para distraer. Esto se debe a que estas distracciones no parecen *significativas*. Me abstendré de intentar explicar el umbral de importancia;

---

35.   FAGAN, A. «Human Rights» *Internet Encyclopedia of Philosophy*, 2005, https://iep.utm.edu/hum-rts/ [consultado 6/10/2023].

36.   FINNIS, J., *Natural Law and Natural Rights*, Clarendon Press, Oxford 1980.

37.   Esta es también la vía que sigue PURI para defender el derecho a la atención, identificando intereses importantes que el derecho protegería. TRAN me parece que se inclina más por la justificación basada en la teoría de la voluntad.

dudo que se pueda dar una respuesta satisfactoria en cualquier caso[38]. Seguramente surgirán casos difíciles, como con cualquier otro derecho, y probablemente sea mejor tratarlos caso por caso. Obviamente, esto no significa negar que existan violaciones claras y no violaciones claras. Pensemos, por ejemplo, en un espectador de teatro que habla en voz alta durante la representación de una obra, distrayendo tanto al público como a los actores. Sus acciones son incorrectas, no sólo porque impiden que los demás disfruten de la obra. También viola su derecho a la atención (en concreto, el derecho a no sufrir distracciones).

Sin embargo, no siempre tenemos la libertad de prestar atención a lo que queramos. Algunas obligaciones de prestar atención de formas específicas pueden surgir como resultado de las funciones que ocupamos (en otras palabras, otros tienen el poder de alterar nuestro derecho de libertad a asignar nuestra atención como queramos). Por ejemplo, el conductor de autobús tiene la obligación de prestar atención a la carretera; la maestra de guardería tiene la obligación de prestar atención a los niños a su cargo; los miembros del jurado tienen la obligación de prestar atención a las pruebas presentadas.

Mientras que, en los ejemplos anteriores, el deber de prestar atención a algo implica el deber de *no* prestar atención a otra cosa —sin dejamos ahora de lado la posibilidad de atención simultánea a varias cosas—, este último deber puede surgir de forma independiente. Supongamos que me doy cuenta por casualidad de que la persona sentada a mi lado en el tren está consultando su historial médico en el teléfono. Parece que en este caso tengo el deber de *no prestar atención* a lo que está leyendo (sin embargo, no hay un deber correlativo de prestar atención *a nada que no sea* el mensaje de la persona; puedo simplemente dejar que mi mente divague o cerrar los ojos y dormitar un rato).

También podemos renunciar a nuestro propio derecho a estar libres de distracciones como consecuencia de asumir algunas responsabilidades. Imaginemos a Bilal, un jugador de baloncesto, intentando lanzar un tiro libre importante. Como es su costumbre, el público hostil está haciendo mucho para distraerle de esta tarea, por ejemplo, abucheándole muy fuerte. Pero no creemos que esto viole el derecho de Bilal a la atención, sobre todo porque intentar resistir los intentos de distracción de los aficionados rivales se entiende como parte del juego. Al convertirse en jugador profesional de

---

38.   Pero algunas circunstancias hacen probable que una intromisión no supere el umbral de importancia: si la distracción dura muy poco, si es poco frecuente y no persistente, si no causa daños, si es fácil de evitar, si a la persona distraída no le molesta mucho, etc., entonces es probable que la distracción sea insignificante.

baloncesto, Bilal renuncia a su derecho a lanzar tiros libres en partidos fuera de casa sin distraerse[39].

Por último, el derecho a la atención no es absoluto; puede ser anulado. En otras palabras, es un «derecho *pro tanto*». Por lo tanto, algunos actos de intromisión significativa y no consentida en la forma en que dirigimos nuestra atención son permisibles. Supongamos que estás sentado en el banco de un parque en un día tranquilo, leyendo un libro o jugando con el móvil, completamente inmerso. De repente, notas un alboroto, luces intermitentes, sirenas a todo volumen y muchos gritos: todo ello te distrae mucho y te impide concentrarte. Resulta que, a poca distancia de ti, los médicos están atendiendo a una persona gravemente herida. En el proceso, están entrometiéndose de forma significativa, y sin pedirte tu consentimiento, en tu atención. Aun así, no parece inadmisible que lo hagan. Por lo tanto, hay circunstancias en las que las violaciones del derecho a la atención son permisibles.

IV. ¿QUÉ DICE ESTO SOBRE LA ÉTICA DE LA ECONOMÍA DE LA ATENCIÓN?

Resumamos algunos puntos clave de la sección anterior: primero, no toda demanda de atención es una violación de derechos. En segundo lugar, tenemos el poder normativo de renunciar al derecho a la atención, es decir, de renunciar al derecho a dirigir nuestra atención como nos plazca, libres de distracciones. En tercer lugar, otros pueden tener a veces el poder normativo de imponernos el deber de (no) prestar atención de determinadas maneras. Esto puede deberse a acuerdos voluntarios (como asumir un trabajo específico) o a obligaciones generales (por ejemplo, respetar la intimidad de los demás o evitar el desprecio). Nuestro derecho a la atención puede anularse cuando las circunstancias lo justifiquen.

1. LO MALO DE LA ECONOMÍA DE LA ATENCIÓN

Para que la economía de la atención facilite o incluso se base en algunas violaciones persistentes del derecho a la atención, nuestras interacciones dentro de este ecosistema tendrían que incluir intromisiones persistentes, significativas, no consentidas e injustificadas en la forma en que prestamos atención. ¿Lo hacen?

---

39. Curiosamente, otros deportes tienen normas implícitas diferentes al respecto. En el tenis, por ejemplo, no se espera que los jugadores «bateen» a multitudes hostiles, y los intentos de distraerlas suelen estar mal vistos.

TRAN y PURI lo dicen. Ellos mismos identifican una serie de cuestiones éticamente problemáticas en algunas de las prácticas desplegadas por los comerciantes de atención para captar una parte de la atención de los usuarios. Para empezar, PURI echa en cara a la economía de la atención que opere mediante una combinación de «hiper-empujones» y «super-estímulos» para socavar la autonomía del consumidor. Los hiper-empujones (*hipernudges*), un concepto del que fue pionera Karen Yeung[40] son, como su nombre indica, versiones altamente personalizadas de los «empujones» (*nudges*) «tradicionales» (intervenciones destinadas a cambiar el comportamiento explotando la heurística de la toma de decisiones, sin prohibir ninguna opción ni hacerla demasiado costosa). Al personalizar cuidadosamente la experiencia en línea de cada usuario con la ayuda de algoritmos basados en macrodatos, los comerciantes de atención pueden empujarlos a tomar decisiones favorables para las propias empresas (es decir, maximizar el compromiso), y no necesariamente las que los usuarios habrían tomado de forma autónoma.

Los super-estímulos, a su vez, están diseñados para explotar nuestros instintos evolutivos (instintos que llevan a los animales a prestar especial atención a algunos patrones destacados de la naturaleza) proporcionando estímulos que son más atractivos que la respuesta original. Aunque inicialmente estaba incluido en la teoría evolutiva (véase VIDYA[41]), el concepto de super-estímulos también ha encontrado aplicación en las ciencias sociales, especialmente en el análisis de los medios de comunicación[42]. Los super-estímulos, si hemos de creer a los partidarios de aplicar la idea al ámbito social, son característicos de una amplia variedad de fenómenos cotidianos, aparte de los bienes y servicios digitales: desde alimentos, pasando por películas, pinturas y programas de televisión, hasta noticias, retransmisiones deportivas y novelas por entregas. Todos estos productos, según se afirma, están diseñados para explotar nuestras tendencias evolutivas (por ejemplo, alimentos nutritivos) mediante características (por ejemplo, dulzor) a las que nuestros deseos innatos responden especialmente, incluso más de lo que se seleccionó originalmente.

La preocupación de PURI parece ser que los comerciantes de la atención se basan en super-estímulos para captar y mantener la atención de sus usuarios (presumiblemente, durante más tiempo del moralmente permisi-

---

40. YEUNG, K., «"Hypernudge": Big Data as a mode of regulation by design», *Inform Commun Soc* 20 (1), 2017, pp. 118-136.
41. VIDYA, T., «Supernormal stimuli and responses», *Resonance* 23 (8), 2018, pp. 853-860.
42. BARRETT., D., «Supernormal Stimuli in the Media», en *Evolutionary Perspectives on Human Behavior*, Workman, L. Reader, W. y Barkow, J. H. (eds.), Cambridge University Press, Cambridge 2020, pp. 527-537.

ble) pasando por alto sus capacidades racionales. De hecho, considera el acto de exponer a las personas a super-estímulos desde un punto de vista kantiano, como una amenaza a su autonomía. Dice PURI:

> La orientación micro-conductual dirigida a vigilar y distraer constantemente a un consumidor, mientras navega por internet, con fines comerciales, socava su autonomía. La hipervigilancia constante y la estimulación extraordinaria con fines comerciales metamorfosean al individuo en un medio para un fin.

Esta formulación supone que los individuos no tienen más remedio que responder a los hiper-estímulos y super-estímulos de la forma esperada por los comerciantes de atención. Esto se debe a que tratar a alguien como un mero medio para un fin equivale, simplificando, a manipularlo o coaccionarlo (véase, especialmente O'NEILL[43]). En consecuencia, la exposición intencionada de otra persona a hiper-empujones y super-estímulos tendría que ser una forma de coacción o manipulación.

La impresión de que PURI considera los super-estímulos como graves amenazas para la autonomía individual se refuerza más adelante en el artículo. Aquí, PURI cita con aprobación las afirmaciones de Yogi Hale HENDLIN[44] de que:

> Los super-estímulos son «imperiosos» porque tratan de captar la atención de las personas con las que se encuentran *de una forma violenta y dominante* [...] El elemento de *fuerza y coerción* falta en los encuentros con estímulos regulares, mientras que los super-estímulos manejan nuestras emociones, *sin darnos opción*[45].

De este modo, PURI parece tomarse al pie de la letra la sugerencia de que las personas expuestas a super-estímulos no son simplemente manipuladas o engatusadas para que cumplan los fines de los comerciantes de atención. Más bien, están literalmente bajo alguna forma de coacción.

PURI argumenta que la combinación de hiper-empujones y super-estímulos contribuye a que la captación de la atención sea más intrusiva y adictiva, erosionando aún más nuestra autonomía y causándonos daño al suministrarnos estímulos que, la mayoría de las veces, no merecen nuestra atención. Al mismo tiempo, los proveedores de estos estímulos obtienen

---

43.　O'NEILL, O., «A Simplified Account of Kant's Ethics», en J. E. White (Ed.), *Contemporary Moral Problems*, West Publishing, St. Paul, MN, 1985.

44.　HENDLIN, Y. H., «I am a fake loop: The effects of advertising-based artificial selection», *Biosemiotics* 12(1), 2019, pp. 131-156. www.ncbi.nlm.nih.gov/pmc/articles/PMC6582976/ [consultado: 6/10/2023].

45.　PURI, A., en esta obra.

beneficios comerciales. En otras palabras: la mayoría de las veces no sólo se socava nuestra autonomía mediante ataques a nuestra atención, sino que recibimos poco valor por ello, mientras que las empresas tecnológicas se embolsan casi todo el beneficio de los intercambios. Establecer y hacer cumplir el derecho a la atención nos ayudaría a evitar las prácticas coercitivas y manipuladoras de los mercaderes de la atención con ánimo de lucro, porque tales prácticas constituirían violaciones de derechos y, por tanto, podrían exigir una respuesta estatal contundente.

La esencia de la crítica de TRAN, a su vez, parece ser doble: en primer lugar, en su opinión, en la economía de la atención, la atención del usuario puede ser requerida libremente por cualquiera (especialmente por anunciantes con fines comerciales, pero también por *spammers* y estafadores); en segundo lugar, estas demandas no son deseadas y deberían prohibirse. TRAN lo resume así:

> Hoy en día, las nuevas tecnologías intensifican *los asaltos* a nuestras zonas personales de existencia, no a través de la proximidad física, sino a través de intrusiones más sutiles que compiten entre sí para llamar nuestra atención (por ejemplo, los anuncios emergentes) o adoptan la forma de *exigencias* para que demos prioridad a determinados mensajes [...] sobre otros que podríamos elegir. La idea del derecho a la atención es un contrapunto necesario a estos cambios tecnológicos que exigen nuestra atención. Aborda el desequilibrio entre la capacidad de las empresas para utilizar la tecnología para *dominar* una mayor parte de nuestra atención con fines lucrativos y nuestra *incapacidad para evitar esas demandas*. Ayuda así al «pequeño», que de otro modo no podría defenderse. También preserva para el individuo la libertad de reunir los elementos que le permitan construir un yo coherente capaz de tomar decisiones apropiadas sobre la base de valores elegidos, y no impuestos [46].

Como vemos, a TRAN le preocupan sobre todo las demandas «intensificadas» de nuestra atención que pueden efectuarse a través de las tecnologías digitales contemporáneas, en forma de anuncios intrusivamente imperativos. Además, cree que es imposible evitarlos y, por tanto, mantener intacta nuestra atención. En su opinión, hay que protegerse de ello por medios legales, es decir, reconociendo y aplicando el derecho legal a la atención.

Tanto TRAN como PURI afirman que, en lugar de ser el resultado de una elección libre y racional, tan legítima como cualquier otra en un mercado (presumiblemente porque juzgamos que nos beneficiaremos al intercambiar nuestra atención por los servicios que obtenemos), nuestro uso

---

46.   TRAN, *cit.*, p. 1042. Énfasis añadido.

continuado de los productos de los comerciantes de la atención está impulsado principalmente por la coacción y la manipulación.

Sin embargo, ésta no es la única forma de concebir la economía de la atención. En contraste con el sombrío panorama ofrecido por TRAN y PURI, se pueden plantear contra argumentos con apoyo empírico para presentar un retrato más halagüeño. Si bien cualquier defensor de la economía de la atención debe enfrentarse a las objeciones defendidas por estos dos autores, éstos, a su vez, tienen que enfrentarse a la forma de ver la economía de la atención que se presenta a continuación. Los resultados de esta discusión quedan fuera del alcance de este trabajo.

2. LO BUENO DE LA ECONOMÍA DE LA ATENCIÓN

La economía de la atención no es del todo mala. Empecemos por el enorme valor (para los consumidores) de los productos y servicios a precio cero que ofrecen las tan denostadas «grandes tecnológicas»[47]. En segundo lugar, hay que tener en cuenta que existe cierta controversia sobre si los super-estímulos y los hiper-empujones son tan eficaces para modificar el comportamiento de los usuarios como alega PURI[48], por lo que considerarlos coercitivos —o serios impedimentos para la elección autónoma— podría ser una exageración. En tercer lugar, hay que tener en cuenta que algunos

---

47. Según una estimación del economista William RINEHART, un consumidor medio valora el uso anual de Facebook en más de 4.500 dólares, con cifras similares para Snapchat, TikTok y Twitter. Curiosamente, como señala RINEHART, los ingresos anuales que estas empresas obtienen de un usuario medio oscilan entre 200 y 5 dólares. Así que, en sus palabras, «está claro que los consumidores obtienen la gran mayoría del valor de los medios sociales». Esto no suena a explotación. RINEHART, W. 2021. «Do social media platforms extract value from consumers?» *The Center for Growth and Opportunity at Utah State University*, https://www.thecgo.org/benchmark/do-social-media-platforms-extract-value-from-consumers/ [consultado: 6/10/2023].

48. Parece que hay pocas pruebas empíricas sobre la eficacia de los *hipernudges*; se trata sobre todo de especulaciones. Sin embargo, se ha analizado la eficacia en el mundo real de los codazos tradicionales y, en general, se ha descubierto que es menor de lo que sugieren los experimentos de laboratorio. Para más detalles, véase DELLA-VIGNA, S. y LINOS E.; LIN, Y., y OSMAN, M. y ASHCROFT, R. Para defender la idea de que los seres humanos son capaces de resistir la atracción de los superestímulos, véase DE BLOCK y DU LAING. La bibliografía anterior es la siguiente. DELLA-VIGNA, S., & LINOS, E. 2020. «RCTs to Scale: Comprehensive Evidence from Two Nudge Units», *National Bureau of Economic Research Working Paper Series*, 27594, http://www.nber.org/papers/w27594 [consultado: 6/10/2023]. LIN, Y., OSMAN, M., y ASHCROFT, R. «Nudge: Concept, Effectiveness, and Ethics», *Basic and Applied Social Psychology*, 39(6), 2017, pp. 293-306; DE BLOCK, A., y DU LAING, B. «Amusing ourselves to death? Superstimuli and the evolutionary social sciences», *Philos Psychol* 23(6), 2010, pp. 821-843.

trabajos empíricos serios ponen en duda la capacidad adictiva[49] de los servicios que consumen atención, lo que debilita las afirmaciones de TRAN de que los ataques a nuestra atención son irrefutables y, en conjunto, de que interactuar con la economía de la atención es casi uniformemente malo para nosotros en general.

En general, con estos resultados, un defensor de la economía de la atención podría argumentar lo siguiente: en general, las personas que utilizan productos y servicios digitales de la economía de la atención, como CNN.com, YouTube, Spotify o Gmail, lo hacen voluntariamente, con la expectativa de que les proporcionarán un valor mayor que la atención a la que renuncian. Así pues, las preferencias de los consumidores parecen mostrar claramente que están contentos con distracciones momentáneas, por ejemplo, en forma de anuncios, como precio a pagar por un servicio que, de otro modo, sería gratuito. El hecho de que miles de millones de personas sigan utilizando estos servicios es una prueba fehaciente de ello. Además, si la gente considera que ese «precio» es demasiado alto, no tiene por qué dejar de utilizar el servicio. En lugar de ello, a menudo pueden gastar dinero en la versión de pago, sin anuncios, o, de hecho, instalar un *software* de bloqueo de anuncios (curiosamente, esta opción no está disponible para los consumidores de medios de comunicación tradicionales; no se puede pagar más por una copia impresa sin anuncios del *New York Times* o el *Jacobin*). La preocupación por la adicción, la manipulación u otros medios no voluntarios para captar y retener la atención de los usuarios es exagerada a la luz de las pruebas citadas anteriormente[50]. El nuestro no es el mundo de *Infinite Jest*[51].

---

49.   La investigación de THOMSON *et al.* ha descubierto, por ejemplo, que los usuarios de redes sociales no muestran uno de los principales marcadores conductuales de adicción, es decir, un sesgo atencional hacia los estímulos relacionados con las redes sociales. Véase también BRODWIN, E., y JOHN, B. y GRAFF, M., que se oponen al concepto de adicción a las redes sociales. Véanse THOMSON, K., HUNTER, S. C., BUTLER, S. H. y ROBERTSON, D. J., «Social media "addiction": The absence of an attentional bias to social media stimuli» *J Behav Addict* 10 (2), 2021, pp. 302-313; BRODWIN, E., There's no solid evidence that people get addicted to social media – and using it could actually be beneficial. Business Insider, 2018. www.businessinsider.com/social-media-iphone-facebook-instagram-addiction-2018-3?IR=T [consultado: 6/10/2023], y JOHN, B., y GRAFF, M. (2021). «Too much social media can be harmful, but it's not addictive like drugs», *The Conversation*. https://theconversation.com/too-much-social-media-can-be-harmful-but-its-not-addic tive-like-drugs-157082 [consultado: 6/10/2023].

50.   No apoyo ni defiendo la solidez de esta línea de razonamiento. Sin embargo, cada una de estas afirmaciones me parece razonable a la luz de las pruebas. Para defensas ingeniosas y sostenidas de la economía de la atención no en estos términos exactos, véanse SOAVE, R., *Tech Panic*, Simon & Schuster, Londres-Nueva York, 2021, y COWEN, T., BIG BUSINESS, St. Martin Press, Nueva York, 2019. cap. 6.

Queda fuera del alcance de este documento intentar zanjar la disputa entre formas tan profundamente divergentes de ver la economía digital contemporánea. Parece que un tratamiento completo tendría que reconciliar los datos presentados por TRAN y PURI con las consideraciones planteadas inmediatamente antes, así como muchas más investigaciones nuevas y existentes. No esperemos que se resuelva pronto.

No obstante, el derecho a la atención —que tenemos razones diferentes para respaldar— nos ofrece nuevas formas de entender la naturaleza normativa de todo el espectro de tipos de participación en el comercio digital. Tanto si pensamos que *al acceder a los servicios digitales renunciamos a nuestro derecho a la atención, por lo que las distracciones son permisibles, como si pensamos que al distraernos, los proveedores de servicios digitales violan nuestros derechos al inmiscuirse en nuestra soberanía mental y frustrar nuestros intereses,* el discurso de los derechos ayuda a precisar qué tipo de razones tenemos para la condena o la exoneración moral, y también reduce la tentación de juzgar la economía de la atención meramente en términos de valor generado o sufrimiento causado.

3. HACER VALER EL DERECHO A LA ATENCIÓN

Es en gran parte una cuestión empírica si las distracciones que se nos ofrecen —o se nos imponen— en nuestro comercio diario con la economía de la atención son significativas y no consentidas en un grado lo suficientemente alto como para considerarse violaciones del derecho a la atención. Lo mismo puede decirse de la cuestión de si las violaciones deben castigarse y cuáles. Al fin y al cabo, no todas las violaciones de un derecho necesitan o justifican una respuesta coercitiva; mucho (¡aunque no todo!) depende de su impacto. Esto es relevante para la cuestión de si debería existir un derecho legal a la atención. Parte de que sea un derecho legal significaría que sus violaciones justifican una respuesta coercitiva (por parte del Estado).

Pensemos, por ejemplo, en una estudiante que se concentra en un problema difícil para preparar la clase. Supongamos que sus compañeros de habitación intentan que se una a un juego de mesa. Al hacerlo, la distraen de aquello a lo que está intentando prestar atención, por ejemplo, ensalzando en voz innecesariamente alta las virtudes del juego mientras ella intenta estudiar. Es, sin duda, una violación de su derecho a la atención (no ha eximido a sus compañeros de su obligación de no distraerla). Pero parece

---

51. Novela satírica de David Foster Wallace sobre un futuro distópico. En ella se habla de una película tan entretenida que sus espectadores pierden todo tipo de interés en cualquier otra actividad excepto ver repetidamente la película, hasta morir de inanición. La película ficticia da título a la novela en español: *La broma infinita*. [N. del T.].

excesivo que esto se convierta en una preocupación del Estado. Así pues, no todas las violaciones del derecho a la atención exigen una respuesta coercitiva.

Por otro lado, podemos conceptualizar ciertos tipos de leyes sobre «molestias»[52] (por ejemplo, las ordenanzas sobre ruido) como leyes contra las violaciones, no sólo de los derechos de propiedad, sino también del derecho a la atención; violaciones que quizás justifiquen una acción coercitiva para hacerlas cumplir. Tradicionalmente, este tipo de leyes se han referido a la intromisión con el uso y/o disfrute[53] de la propia tierra y, después de todo, el «disfrute» es, al menos en parte, un estado psicológico (o un complejo de estados psicológicos)[54] del que distraen molestias como el ruido.

Si la economía de la atención nos arroja habitualmente el equivalente digital del ruido (o algo peor) es, de nuevo, al menos en gran parte, una cuestión empírica, que debe guiarse por el cúmulo cada vez mayor de investigaciones sobre sus repercusiones. Así pues, reconocer la existencia de un derecho exigible a la atención no se traduce automáticamente en recomendaciones políticas concretas.

V. CONCLUSIÓN

Este artículo ha intentado derivar el derecho a la atención de un derecho más fundamental a la integridad mental (que a su vez se basa en última instancia en el derecho a la integridad corporal). Al hacerlo, complementa la literatura existente sobre el derecho a la atención esbozando una vía (parcialmente) nueva para fundamentarlo. Desde el punto de vista que aquí se defiende, el derecho a la atención es un derecho-libertad, no absoluto (*pro tanto right*) a dirigir la atención como nos plazca, y un derecho-exigencia *pro tanto* contra la intromisión en la forma en que dirigimos nuestra atención. Impone a los demás la obligación de no distraernos en contra de nuestra voluntad. Protege un importante interés que tenemos en mantener la capacidad de percibir, recordar y estructurar nuestra vida mental. También es un medio de proteger la soberanía que tenemos sobre nuestras mentes.

---

52.   TRAN también menciona brevemente estas leyes en su trabajo.

53.   Para que el ruido se considere una molestia, debe experimentarse; en segundo lugar, debe distraer en un sentido lo suficientemente amplio como para imposibilitar o dificultar el uso normal de los bienes. Por lo tanto, tiene que estar relacionado de algún modo con la dificultad para concentrarse en lo que uno quiere.

54.   Aunque no es la acepción jurisprudencial más popular del término, el «disfrute» en sentido psicológico también tiene cabida en contextos jurídicos. Véase «Enjoyment», en el Legal Information Institute, Wex Legal Dictionary, 2021. https://www.law.cornell.edu/wex/enjoyment [consultado: 6/10/2023].

El relato ofrecido deja abiertas algunas preguntas importantes: ¿las grandes tecnológicas violan sistemáticamente nuestros derechos de atención? Si es así, ¿debería haber una respuesta política? Responder a estas preguntas requiere un serio compromiso con una literatura empírica diversa y sigue siendo un fructífero tema de estudio, más allá del alcance de este trabajo. Mi objetivo ha sido más modesto.

¿Otro derecho humano? Acerca de la conveniencia de reconocer el derecho a la atención

Alfonso Ballesteros
Profesor Permanente Laboral de Filosofía del Derecho
Universidad Miguel Hernández

I. INTRODUCCIÓN

Propongo que es conveniente reconocer el derecho a la atención basado en las siguientes proposiciones[1]:

- Proposición 1. La atención es valiosa y, por tanto, algo digno de protección.

---

[1]. DANAHER, J., https://philosophicaldisquisitions.blogspot.com/2017/05/the-right-to-attention-in-age-of.html [consultado: 06/07/2023]. Escrito en 2017.

- Proposición 2. La atención está crecientemente amenaza por el poder digital, de modo que hay razones sin precedentes para proteger la atención hoy.

- Proposición 3. Debemos, en consecuencia, reconocer un derecho a la atención como nuevo derecho humano subsiguiente que dimana de la situación histórica actual.

II. LA ATENCIÓN ES VALIOSA Y, POR TANTO, ALGO DIGNO DE PROTECCIÓN

La atención puede ser considera como estar libre de obstáculos que la impide, una *atención libre de* aquello que la impiden. Es decir, en un sentido, estrictamente negativo. Así, por ejemplo, estar libre de interferencias permite al hombre entrar en sí mismo. «El hombre puede —escribe Ortega— desasirse de su derredor, desentenderse de él [...] y meterse dentro de sí, atender a su propia intimidad»[2].

Este estar libre de obstáculos y de distracción permite centrar el foco en lo que queremos. La *liberación* de interferencias en sentido negativo, permite que se desarrolle la *libertad* en sentido positivo de atender a lo que uno decide. Por ello, se puede decir que la atención es una de las formas de la libertad. Es la capacidad que permite, no solo *hacer* lo que uno desea, sino *ser* como uno desea y lograr *conocer*. Por eso, como realidad vinculada a la voluntad, lleva consigo una selección. RICOEUR se ha centrado en la atención como modo de conocer. En este sentido, el hombre puede elegir entre los objetos aquel que quiere conocer porque no puede percibir todos los objetos al mismo tiempo. De manera que se dirige el foco de la atención hacia algo concreto, apartando lo demás. Decimos, algo así como «*Este* objeto y no *este* otro». El objeto elegido permite desplegar nuestro *campo de atención* hacia él y, el resto de cosas quedan en el *campo de inatención*. Esta elección de un objeto conduce a un aumento de la claridad del mismo. Lo «percibo *mejor*»[3].

Es central que el objeto deviene más claro porque deviene más como *es realmente* ante nuestros ojos. Es decir, las cosas nos aparecen más cómo *son ellas mismas* cuando centramos la atención. Por tanto, la atención no supone

---

2. ORTEGA Y GASSET, J., *Ensimismamiento y alteración. Meditación de la técnica y otros ensayos*, Alianza, Madrid 2014. p. 28.

3. RICOEUR, P., *Antropología filosófica*, T. Domingo Moratalla (trad.), BAC, Madrid 2020, p. 73. Las cosas aparecen mucho mejor cómo *son* si prestamos atención. La atención aumenta la percepción de la *objetividad* del mundo, en el sentido de que conocemos mejor las cosas frente a la disolución subjetivista pobre en percepción. Para Heidegger la filosofía es un «prestar atención a la llamada del Ser del ente». Este prestar atención

una transformación del objeto, sino un aumento de claridad en la percepción. De hecho, supone «la indigencia más completa frente al objeto», sin que ello constituya simple pasividad, pues requiere un activo ponerse a disposición del objeto: «me pongo *activamente* a cuenta del objeto»[4]. La atención se abre a una demora en las cosas cuyos lados no se agotan con una sola mirada, sino que invitan a un permanecer en ellas, e incluso volver sobre ellas repetidas veces.

De modo particularmente claro, y con una perspectiva más amplia que Paul RICOEUR, James WILLIAMS ha desarrollado el valor de la atención relacionándola con nuestra voluntad individual y colectiva (aspecto este último, que no es menor, pues la atención colectiva tiene una vital importancia para el bien común y el compromiso cívico de un país). Este autor relaciona la atención con tres tipos de «luz» vinculándolas con la estructura de la voluntad tal y como la propone el filósofo Harry FRANKFURT. Los distintos tipos de «luz» de la atención son diversas manifestaciones de facultades inmediatas, generales o fundamentales que guardan relación con la voluntad. El atractivo de la noción de WILLIAMS es que da cuenta de que la atención no solo tiene que ver con lo que *hacemos* (o no logramos hacer si se nos distrae), sino también con lo que *somos* (lo que proyectamos ser persiguiendo determinados fines) y con lo que *conocemos* (lo que podemos llegar a ser, lo que quiere una orientación del campo perceptivo, como señala RICOUER).

1. LA LUZ FOCAL

La primera manifestación es la «luz focal» que es como se define de forma habitual la atención, como aquellas *facultades inmediatas que orientan nuestra conciencia y actividad hacia una meta determinada*. A ella se opone la «distracción funcional». La luz focal es la que «nos capacita para hacer lo que queremos hacer»[5]. Esta es lo que se conoce, habitualmente, por «atención»: así, se ha dicho que «La atención es la aplicación de la mente a un objeto»[6]. En su mayor grado esta atención permite el logro de la excelencia

---

requiere que la existencia se encuentre en un determinado estado, en una «tonalidad afectiva». Este estado imprime en todas las cosas una cierta tonalidad. El *pathos* o asombro es un temple del ánimo que tiene ese carácter omni-abarcador en relación con todas las cosas. Heidegger lo llamada «temple del ánimo» precisamente para evitar que se «represente psicológicamente» el *pathos*. La pasión del asombro no es un estímulo psicológico y efímero, sino un temple del ánimo duradero y estable. HEIDEGGER, M. *¿Qué es filosofía?* J. L. Molinuevo (trad), Narcea, Madrid 1978, p. 62.

4. RICOEUR, P., *Antrología filosófica*, cit., p. 89.
5. WILLIAMS, J., *Clicks contra la humanidad. Libertad y resistencia en la era de la distracción tecnológica*, 2.ª ed., Gatopardo, Barcelona 2021, p. 68.
6. BALMES, J., *El criterio*, Araluce, Barcelona 1945, p. 10.

en cualquier ámbito al que se aplica al ser humano. Cuando la atención focal es más profunda se alcanza el llamado «estado de flujo». Esta forma más profunda de concentración coincide, singularmente, con momentos álgidos de nuestra vida y se puede propiciar mediante tres componentes fundamentales. Primero, escoger claramente una meta definida, es decir, lo que quiero hacer, asumiendo que el hombre es «monotarea» (el término «multitarea» no es humano, procede de la informática y se refiere a aquellos sistemas que realizan varias tareas al mismo tiempo). Segundo, prestar atención a algo que tenga sentido para el individuo que lo realiza, que le importe verdaderamente, pues el cerebro está diseñado para prestar atención a aquello que le importa. La atención requiere que aquello que se atiende sea algo que destaque por su valor para el individuo. Tercero, llevar a cabo aquello que esté dentro de los límites de las propias capacidades y que no resulte, por tanto, imposible, ni excesivamente fácil. Recapitulando se puede señalar:

> «[...] para encontrar un estado de flujo, debes optar por una sola meta; asegurarte de que esa meta tenga sentido para ti; y llevarte hasta el límite de tus capacidades. Una vez que hayas creado esas condiciones y empieces a fluir, lo sabrás porque se trata de un estado mental distintivo. Sientes que estás puramente presente en el momento. Experimentas una pérdida de autoconciencia. En ese estado es como si tu ego se hubiera esfumado y te hubieras fundido con la tarea, como si fueras la roca que estás escalando»[7].

Para muchos, leer es una de las fuentes principales de flujo. O lo era, antes de la aparición de las pantallas, que modifican la forma de leer, dificultando la atención, pues es una de las actividades que proporciona «menor cantidad de flujo»[8]. También la lectura en internet es poco propicia para una atención profunda, pues modifica nuestra forma de leer negativamente[9]. Los estados de flujo que logra la atención focal se oponen a la fragmentación. Flujo y fragmentación son dos fuerzas profundas con valor

---

7.   HARI, J., *El valor de la atención. Por qué nos la robaron y cómo recuperarla*, Península, Barcelona 2023, p. 83.
8.   HARI, J., cit., p. 83.
9.   Se ha producido una modificación de la «atención lectora»: hemos experimentado la trayectoria opuesta a los inicios de la civilización: «estamos evolucionando de ser cultivadores de conocimiento personal a cazadores recolectores en un bosque de datos electrónicos» (p. 170). La red no permite el desarrollo de una atención profunda, sino superficial, lo que también perjudica la fijación de la memoria que necesita asociar la nueva información al conocimiento ya establecido en la memoria. El tipo de conocimiento que fomenta la red no es el saber sobre algo, sino saber cómo encontrarlo, y se desarrolla un tipo de atención que procesa muy rápido (a semejanza de la red) pero de forma superficial. CARR, Nicholas, *Superficiales. ¿Qué está haciendo internet con nuestras mentes?* P. Cifuentes (trad.), Taurus, Barcelona 2016, pp. 86, 235.

distinto: «El flujo nos vuelve más grandes, más profundos, más calmados. La fragmentación nos encoge. El flujo nos expande» [10].

2. LA LUZ ASTRAL

Junto a lo anterior, está la «luz astral» que guarda relación con el carácter narrativo de nuestra identidad. La luz astral son aquellas facultades generales que nos permiten guiarnos por ciertos valores y fines que hemos elegido. «Nos capacita para ser quien queremos ser» [11]. A ella se opone la «distracción existencial». Esta luz astral opone al «yo sincrónico», el que se da en cada momento, al «yo diacrónico», el que existe a lo largo del tiempo, que es verdaderamente importante. La razón de su importancia, es que en este segundo se da la dimensión temporal y más amplia del hombre en toda su estatura.

Lo que esta «luz astral» pone de manifiesto es que las distracciones, cuando son existenciales, nos desvían de aquello que queremos llegar a ser. La luz astral no es, por tanto, un problema de foco, sino de propósito. Nuestra vida es una unidad (yo diacrónico), o debe ser, una unidad de identidad frente a la segregación identitaria (yoes sincrónicos), frente a la fragmentación en la que el individuo no tiene por qué reconocerse o en la que habría numerosos «yoes». El propósito, el plan vital de cada uno, es central para la luz astral:

> «Queremos vivir una vida que represente nuestros valores fundamentales y que tenga sentido narrativo: queremos poder contárnosla y contársela a los demás como una historia que explica de dónde venimos, cómo hemos llegado hasta aquí y hacia dónde nos dirigimos» [12].

El deterioro de la luz astral supone no vivir conforme a los propios valores, principios o propósitos vitales, no «llegar a ser lo que queremos ser». Tiene, por tanto, mucho que ver también con la creación de hábitos y prácticas sociales. Una forma clara de «distracción existencial» es la ludificación de numerosas actividades, tan presente en el entorno digital, que es «lúdico». La ludificación modifica nuestros fines y valores y nos persuade a sustituir nuestros valores por el placer de jugar [13].

---

10.   HARI, J., cit., p. 90.
11.   WILLIAMS, J., cit., p. 68.
12.   WILLIAMS, J., cit., p. 78.
13.   NGUYEN, C. T., «How Twitter Gamifies Communication» en Aplied Epistemology, OUP, ed. Jennifer Lackey (en prensa sin paginación). Este autor ha desarrollado particularmente bien la «luz astral» (naturalmente, sin emplear este término de WI-

3. LA LUZ DIURNA

Por último, WILLIAM se refiere a lo que denomina «luz diurna». Esta consiste en las capacidades fundamentales que «nos permiten querer lo que queremos querer»[14]. Estas capacidades son la reflexión, la metacognición, el sosiego, la razón o la inteligencia que nos permiten definir nuestros valores y metas vitales. Para su desarrollo es necesario el desarrollo del ocio como cultivo del espíritu y de aquellas tareas que permiten, no solo conocer, sino un conocimiento que se integra en la propia vida e identidad el individuo.

Lo que se opone a la luz diurna es la «distracción epistémica» que dificulta definir los propios valores o perseverar en ellos. La distracción epistémica puede dificultar las estructuras comunes de nuestras experiencias. Es decir, todo lo que constituyen abstracciones, principios generales, conceptos y simbologías que son todo aquello de lo que nace el pensamiento sofisticado y holístico necesario para auténticas metas a largo plazo[15]. Esta luz diurna que se refiere a nuestro conocimiento está vinculada a esa escisión que atraviesa al individuo y su voluntad: «En el fondo, si nos fijamos bien, en el mismo corazón de las sociedad modernas todos estamos, en nuestra calidad de individuos, en esa misma tesitura: por un lado, experimentamos una irresistible atracción por esta sociedad de los signos y los simulacros que nos abocan al fin de la historia; por otro lado, sentimos un profundo rechazo a este sometimiento voluntario»[16]. Despertar no solo este rechazo, no solo «liberarnos» del sometimiento, sino la recuperación posi-

---

LLIAMS) al poner de manifiesto que, el precio de la ludificación es sustituir nuestros valores, principios y propósitos por unos nuevos y, en síntesis, por el placer. La ludificación es una de las características eminentes del entorno digital occidental que entronca con la tardomodernidad que había repudiado la racionalidad y abrazado el divertimento lúdico, el entretenimiento, como modo de relacionarnos en todos los ámbitos de la vida. En este sentido, las redes sociales son paradigmáticas la tardomodernidad lúdica en la que domina el pensamiento débil, las emociones y los juegos con tendencia adictiva. La ludificación es, por otro, y cuando se produce de una determinada manera, un modo eficaz de modificación conductual: «[...] el ratón de Burrhus Frederic Skinner mostró la desviación del comportamiento que producen los sistemas de recompensa aleatoria. En lugar de crear distancias o desánimo, la incertidumbre produce una compulsión que se transforma en adicción. La posibilidad de ganar, por muy pequeña que sea, impide que se puedan alejar del mecanismo. Como la recompensa es irregular, es imposible para el sujeto sometido al experimento elaborar un comportamiento que le sirva para dominar a la máquina». PATINO, B., *La civilización de la memoria de pez. Pequeño tratado sobre el mercado del a atención*, Alianza, Madrid 2020, p. 33.
14. WILLIAMS, J., cit., p. 69.
15. WILLIAMS, J., cit., p. 92.
16. BAUDRILLARD, J., *La agonía del poder*, Círculo de Bellas Artes, Madrid 2021, p. 63.

tiva de nuestra capacidad de conocer, es lo que nos propone James WILLIAMS.

III. LA ATENCIÓN HOY ESTÁ CRECIENTEMENTE AMENAZADA

La segundo proposición, recordemos, dice así:

La atención está crecientemente amenaza por el poder digital, de modo que hay razones sin precedentes para proteger la atención hoy.

1. PODER, PUBLICIDAD Y PERSUASIÓN

Esto nos lleva a la cuestión del poder digital. ¿En qué consiste el poder de las tecnologías de persuasión para captar la atención? Esta pregunta gira alrededor del poder. Este poder tiene como fin, con carácter general, el lucro económico y un modelo de la publicidad que, por un lado, se ha desvinculado de la ética y, por otro, ya no permite distinguir los contenidos en sí mismo de los contenidos publicitarios.

El internet basado en la publicidad ha impregnado con su lógica buena parte de nuestras relaciones sociales. Desde su tímido surgimiento allá por los inicios de este siglo en Google, la publicidad digital no ha dejado de crecer. La publicidad ha rebasado los límites que normalmente la caracterizaban. Ya no está delimitada y auto-identificada (como exige el derecho). Ha cambiado y se ha vuelto omnipresente y sibilina. Su lógica ha modificado los fines que perseguimos con ahínco los seres humanos en la sociedad de la información. Incluso la información misma se ha hecho publicitaria, en el sentido de que busca sobre todo captar la atención. Con ello adquiere las características del anuncio cuyo valor se reduce al número de personas que lo ven. WILLIAMS lo expresa así:

«En este tiempo, la publicidad había sido la excepción a la regla del suministro de información, pero en los medios digitales parecía haber derribado algún tipo de barrera esencial para pasar a ser la regla. Si antes la publicidad había "subrayado" los objetivos del diseño del medio que empleaba, en los medios digitales los había "borrado" para sustituirlos por sus propios objetivos. No era solo que la frontera entre la comunicación publicitaria y la no publicitaria empezara a difuminarse, como en los "anuncios nativos" (que ostentan un diseño muy similar al resto de contenidos de un sitio) o en la colocación de productos (a cargo de *influencers* de Youtube o Instagram que cobran por usarlos y exhibirlos); más bien parecía que la red entera camino de convertirse en un inmenso anuncio»[17].

---

17.   WILLIAM, J., cit., p. 52.

Podemos ir más lejos. Junto a la información que leemos o vemos en internet no se indica tanto su origen, fiabilidad, historia o cualquier otra cosa que la dote de contexto o sentido. En vez de eso, se pone una cifra indicativa de la atención captada (visualizaciones, me gustas, etc.). La información vale lo que vale su capacidad extractiva de atención. Esto ha removido incluso las raíces de la ciencia porque también las publicaciones científicas tienen su aritmética atencional. Su valor, si se asume el espíritu del presente, depende del número de veces en que han sido citadas, lo que también inclina la ciencia hacia la publicidad. Esta lógica estructural del entorno digital de numerarlo todo permite compararlo todo y convertir cualquier interacción social en un juego en el que se pugna por puntuar más que los otros. En otras palabras, el éxito pasa por captar la atención ajena.

De modo que podemos decir que el entorno digital es una infraestructura de dominación mercantil basada en la publicidad (aunque su infraestructura permite también una dominación social institucionalizada) en la que los intereses de las grandes tecnológicas se satisfacen por defecto. A principios del siglo XXI el capitalismo muta en capitalismo de la vigilancia. Este proyecto mercantil desde entonces trabaja, fundamentalmente, explotando datos personales, datos anónimos y la atención humana. Como en toda forma de dominación es central la relación entre lo visible y lo no visible, la transparencia y la opacidad.

El entorno digital puede entenderse de dos modos: desde la perspectiva de lo que está a la vista, aquello que diríamos que es «transparente», y aquello que no lo está, lo «opaco» y oculto. Esto ayuda a comprender un elemento que fortalece cualquier forma de poder, que es que los sometidos al poder sean conocidos y los que ostentan el poder y sus mecanismos sean secretos. Puede explicarse con una analogía: la de la moneda.

El entorno digital es como una moneda, con su cara y su cruz. La *cara* de la moneda es la cara visible de lo digital, está a la vista de todos. Se refiere a todo aquello que vemos en nuestras pantallas y oímos de los asistentes automatizados: el universo de información e interconexión sin precedentes que se pone a nuestro alcance. Todos los dispositivos conectados que permiten aumentar la comodidad, la eficacia y el rendimiento de nuestras vidas forman parte de esta cara de la moneda digital. La *interconexión* conquista constantemente nuevos territorios. Bajo el eufemismo de «inteligente» se desarrolla una vigilancia a través de todas las cosas (teléfonos, termostatos, juguetes, camas), el cuerpo humano (dispositivos llevables, «piel inteligente»); pero también los espacios, como las casas (*smart homes*), los edificios (*smart buildings*) y las ciudades inteligentes (*smart cities*), como el proyecto de promoción urbanística de Google y Sidewalk Labs en la ciudad de

Toronto. Todo esto se presenta como un gran proyecto que ayuda a aumentar la comodidad, la eficacia y el rendimiento de todas nuestras actividades.

La cruz de la moneda de este universo es la cara oculta, opaca. Esta cara solo la conocen las grandes tecnológicas, se desarrolla secretamente. Los algoritmos de las tecnológicas trabajan aquí con la información conductual de millones de personas procedente de todas esas minas de datos mencionadas arriba. Cara y cruz de la moneda digital se retroalimentan todo el tiempo. La retroalimentación es esencial porque el mundo tiene que estar determinado por la última información disponible sobre el todo social. Esta inmediatez permite multiplicar el lucro mercantil, pero también, dado el caso, el control social institucionalizado. El avance en las distintas generaciones de telefonía móvil permite una retroalimentación más inmediata, veloz y con más dispositivos conectados.

Los algoritmos necesitan mucha información (las llamadas «economías de escala» o macrodatos a escala) pero también variada («economías de alcance» o la mayor variedad posible de datos de las más diversas actividades humanas)[18]. De ahí el imperativo económico de extender las cosas con internet a cada milímetro del mundo. Cualquier acción (u omisión) ante un dispositivo conectado es una miga de pan digital que deja un rastro revelador de cada individuo. Todo lo que hacemos en *la cara pública* tiene un carácter revelador que alimenta la cara opaca de la moneda digital. Sin embargo, no solo la conducta humana sino todo lo que ocurre en el entorno es útil para la omnisciencia de la máquina algorítmica.

Los algoritmos permiten desvelar, sacar lo desconocido de lo oculto, de modo semejante a cómo lo hace la cámara con aquello que el ojo no puede captar. Así, la cámara lenta o los primeros planos revelan los micromovimientos o las microacciones que el ojo no puede captar a simple vista. Revelan lo que ha sido llamado «inconsciente óptico». De modo semejante, el algoritmo emplea todos los pequeños indicios (gestos, tono de voz, patrones de comunicación, etc.) que revelan nuestra personalidad de modo inconsciente para nosotros. Los algoritmos clasifican a las personas por sus conductas y elaboran perfiles de la personalidad. Estos perfiles han sido denominados

---

18. ZUBOFF, S., *La era del capitalismo de vigilancia. La lucha por un futuro humano en las nuevas fronteras del poder*, Paidós, Barcelona 2020, p. 267. «El *imperativo predictivo* agranda la complejidad de las operaciones que se realizan con el excedente, pues a las economías de escala se suman *economías de alcance* y *economías de acción*. Estas nuevas fuentes de disciplina impulsan al capitalismo de la vigilancia hasta los rincones más íntimos de nuestras vidas cotidianas, de nuestras personalidades y emociones. En último término, fuerzan el desarrollo de nuevos medios (tan sumamente ingeniosos como tenazmente secretos) de interrupción y modificación de nuestra conducta en busca de ingresos derivados de la vigilancia».

«psicogramas»[19]. Nuestra conducta inconsciente, desconocida para nosotros, es revelada para poder manipularla o, si se prefiere, dirigirla u orientarla. Así, se puede influir en nosotros a nivel pre-reflexivo, instintivo.

La tecnología algorítmica es como una caja negra. Ni siquiera sus dueños conocen exactamente qué hace la máquina con nuestros datos y cómo llega a las conclusiones que llega. El algoritmo no puede argumentar sus decisiones, simplemente ofrece resultados. Hay, por tanto, una opacidad deliberada de las tecnológicas que ocultan sus actividades de vigilancia y manipulación, pero también una opacidad intrínseca a los procesos algorítmicos.

Baste esto como introducción a la tensión entre transparencia y opacidad en el entorno digital. Como decíamos, para referirnos al derecho a la atención, el poder constituye una cuestión previa, pero todavía debemos decir algo más de este. ¿Por qué se trata de una cuestión previa? Si el poder constituye una cuestión previa es por los bienes humanos que el poder persuasivo puede, en su caso, dañar, reducir o perjudicar. Esta aproximación no es nueva, pues los derechos fundamentales surgen, precisamente, como límite al poder.

Con poder digital me refiero al poder —sobre todo de los propietarios de las redes sociales— sobre los usuarios de las mismas. Este poder digital trasciende el poder de las redes sociales, pero estas están en buena medida en el origen y son el modelo de esta forma de poder. Concretar este poder en las redes ayuda también a no perderse en argumentaciones demasiado amplias o en temores demasiado vagos.

El poder digital supone una extensión de su propia voluntad en la voluntad de los usuarios. Esta extensión es habitualmente malentendida, o bien se minusvalora con una visión voluntarista del individuo que sostiene la neutralidad de la tecnología y excluye de toda responsabilidad a los ingenieros, o bien se exagera considerando que este poder de diseño del entorno digital determina por completo la conducta del individuo. La primera es una posición voluntarista que considera que toda atención es voluntaria. La segunda es la posición «ambientalista» que considera que toda atención es pasiva o involuntaria y viene determinada por el entorno.

2. LA PLURALIDAD DE FORMAS DE LAS TECNOLOGÍAS DE PERSUASIÓN

Según lo señalado, la tecnología digital tiene, fundamentalmente, un poder persuasivo. Pero la persuasión no puede, simplemente, considerarse

---

19. HAN, B. C., *Infocracia. La digitalización y la crisis de la democracia*, Taurus, Barcelona 2022, p. 35.

ilegítima o inmoral por principio. Tampoco puede considerarse un fenómeno homogéneo, que se presenta de muy diversos modos. Puede distinguirse entre el *grado de imposición* de la tecnología persuasiva por un lado y el *grado de concordancia* con los objetivos del usuario al emplearla, por otra. Esta es la propuesta de J. WILLIAMS que distingue entre tecnologías persuasivas de seducción, de invitación de indicación, de orientación o de conducción: «Partiendo de este esquema, las tecnologías con un bajo nivel de concordancia de objetivos y un alto grado de imposición (cualquier juego adictivo del que uno siempre se arrepiente de volver a jugar, sin ir más lejos) podrían catalogarse de "tecnologías de seducción". Si el diseño se impone poco al usuario, por el contrario, estaríamos hablando de "tecnologías de invitación". Las tecnologías que constriñen poco al usuario y cuyos objetivos concuerdan en medida con los suyos (un sistema de GPS, por ejemplo) podrían considerarse "tecnologías de indicación". Si el grado de imposición es mayor podríamos llamarlas "tecnologías de orientación" (aquí se incluirían los sistemas de aparcamiento asistido o el piloto automático del coche) y, si es aún más alto, "tecnologías de conducción" (como en caso del coche completamente automatizado)»[20].

3. LAS REDES SOCIALES COMO «TECNOLOGÍAS DE SEDUCCIÓN»

Las redes sociales parece que encajan con la categoría de «tecnologías de seducción». Las mismas han estado asociadas habitualmente a su propia narrativa justificativa, particularmente, al hecho de que el acceso a las mismas es democrático, está abierto a todo el mundo. Cualquiera puede abrir una red social, crear contenidos y conectar con otros. Este carácter «democrático» o abierto responde a su peculiar modelo de negocio basado en captar la atención, como se verá, que implica no excluir a nadie como usuario. Sin embargo, las redes sociales son democráticas en el acceso, pero monolíticas en su diseño[21]. Y este diseño es monolítico porque tiene como objetivo principal maximizar la implicación (*engagement*) de los usuarios. El principio de maximizar la implicación no es un principio aséptico o irrelevante para los individuos y la sociedad. De hecho, la satisfacción de este principio ha influido significativamente en las prácticas sociales y en las reglas sociales comúnmente aceptadas en nuestras sociedades. Este diseño es responsable de la ludificación del discurso en internet, del aumento de la polarización política o del deseo de gratificación instantánea de los usuarios.

---

20. WILLIAMS, J., cit., p. 144.
21. NGUYEN, C. Thi., «How Twitter Gamifies Communication» en *Aplied Epistemology*, OUP, ed. Jennifer Lackey (en prensa sin paginación).

Cabría señalar que estos efectos son la consecuencia del uso voluntario de las redes, y no el fruto de poder digital alguno. Objetar que el poder no es compatible con la libertad de los usuarios en internet. Cabría afirmar que el poder requiere, para ser tal, el respaldo de la amenaza de un castigo y, por tanto, el temor a una consecuencia. Si se asume este concepto de poder, las redes sociales no constituyen nada parecido, pues no se abre una red social bajo amenazas, ni por temor a un castigo.

Visto así, las redes sociales no son un tipo de poder, sino como mucho una forma de influencia más o menos fuerte en el uso de tecnología persuasiva. Mi opinión es que estas tecnologías de seducción muestran, de forma paradigmática, lo que es el poder digital. Para hacer frente a esta objeción ofreceré un concepto de poder más amplio en el que no solo tienen cabida las manifestaciones del poder mediante la amenaza de un castigo. Creo que es más acertado sostener que el poder se manifiesta también cuando no existen tales amenazas. Como trataré de exponer, a pesar de que la digitalización hoy entraña un gran dispositivo de vigilancia, no es una vigilancia amenazadora que tiene por finalidad el castigo, sino que es una vigilancia que se produce secretamente mientras se seduce mediante refuerzos positivos al usuario.

Así, si queremos detallar esto en más grado, podemos recordar la bien conocida afirmación de Marshall McLUHAN de que el medio es el mensaje. ¿Cuál es el mensaje de las redes? Johan HARI ha ofrecido un resumen tan incisivo como desalentador:

El mensaje de X (antes Twitter) es el siguiente: «En primer lugar, no deberías concentrarte en nada durante mucho tiempo. El mundo puede y debe entenderse en afirmaciones breves, simples, de 280 caracteres. En segundo lugar, que el mundo debe interpretarse y comprenderse con confianza muy rápidamente. En tercer lugar, que lo que importa más es si la gente coincide inmediatamente y aplaude tus afirmaciones breves, simples y veloces»[22].

Podemos plantear la misma pregunta respecto a Facebook: ¿cuál es el mensaje de Facebook? «[...] en primer lugar: nuestra vida existe para serle mostrada a otra gente y deberíamos mostrar todos los días a nuestras amistades momentos cumbre editados de nuestra vida. En segundo lugar: lo que importa es si a la gente le gustan de inmediato esos destacados editados y cuidadosamente seleccionados que nos pasamos la vida creando. En tercer lugar: alguien será nuestro "amigo" si miramos sus contenidos editados con

---

22.   HARI, J., cit., p. 119.

regularidad y si ese alguien mira los nuestros; eso es lo que significa "amistad"»[23].

¿Y cuál es el mensaje de Instagram? El mensaje es que lo que importa es cómo nos vemos externamente y si a la gente le gusta como nos vemos externamente[24].

Igualmente es interesante la reflexión de HARI sobre el mensaje encerrado en el libro impreso: en primer lugar, la vida es compleja y para comprenderla hay que dedicar un gran esfuerzo. En segundo lugar, es valioso dejar de lado nuestras preocupaciones y centrarnos en una sola cosa, frase tras frase y página tras página. En tercer lugar, merece la pena pensar en profundidad en cómo viven otras personas[25]. En definitiva, el yo diacrónico (no el sincrónico, vinculado al instante), el que puede contar una historia sobre su vida, es mucho más satisfactorio cuando disfruta de la lectura que cuando utiliza las redes sociales.

Resulta sumamente significativo que estas redes sociales, que mandan estos mensajes simplificadores y sumamente disolventes para la sociedad, sean utilizadas tan ampliamente. No es comprensible si no es en el marco de una tecnología de la persuasión que es, más exactamente, tecnología de seducción. Según lo anterior, a mi juicio, la comprensión del poder digital en más profundidad debe de procurarse a través de una comprensión adecuada de las dos realidades centrales que están en juego: el poder y la atención.

4. ¿ES TOTALITARIO EL PODER DIGITAL?

Respecto al fenómeno del poder, un problema común es confundirlo con otras manifestaciones de poder que no guardan relación con el contexto actual. Así, se lo define en ocasiones como «totalitarismo digital»[26]. Se considera totalitario el poder digital por sus aspiraciones totalistas: por su interés en recabar datos de todas las personas, de ofrecer servicios para todas las acciones y tareas, así como la pretensión de influir significativamente en todos los individuos. También porque el poder digital *permitiría* desarrollar un régimen totalitario sin precedentes como indica LASSALLE en su *Ciber-*

---

23.   HARI, J., cit., p. 120.
24.   HARI, J., cit., p. 120.
25.   HARI, J., cit., p. 122.
26.   Véase, por ejemplo, SADIN, E., *La silicolonización del mundo*, M. Martínez (trad.), Caja Negra, Buenos Aires 2016, pp. 131 ss.

leviatán[27]. Ciertamente, nunca antes se ha ostentado un poder que posea un perfil individualizado de cada individuo tan exhaustivo y la posibilidad de influirle y manipularle con este grado de eficacia. Sin duda, estas herramientas serían de gran utilidad en el marco de un régimen totalitario. Pero esto no convierte el poder digital *hoy* en totalitario, por la sencilla razón de que el poder totalitario no es un poder de captar la atención. El poder tiránico de la propuesta hobbesiana se basa en el temor y el poder totalitario en el terror. Sin embargo, el poder digital que se da en occidente es más bien un «despotismo blando», del que ya hablaba Tocqueville, basado en las gratificaciones, un poder que genera atracción más que rechazo. Por ello, la narración distópica que parece más acertada para representarlo no es el «Gran hermano» de George Orwell presentado en su novela *1984*, sino más bien *Un mundo feliz* de Aldous Huxley[28]. «En *1984*, se satisface el ansia de poder infligiendo daño; en *Un mundo* feliz, infligiendo un placer apenas menos humillante»[29]. El problema actual es que «la gente ame su servidumbre»[30]. «El gobierno, por medio de porras y piquetes de ejecución, hambre artificialmente provocada, encarcelamientos en masa y deportación

---

27.   LASALLE, J. M., *Ciberleviatán*, Arpa, Barcelona 2019, p. 20. «Todos estos factores son los que están contribuyendo a que emerja esa figura titánica que describíamos más arriba y que adopta el rostro de una dictadura tecnológica. Una especie de concentración soberana del poder material que descansa en la gestión de la revolución digital. Gestión que ofrece orden dentro del caos y seguridad en medio de la época de las catástrofes que acompaña la mutación que estamos viviendo a velocidad de vértigo. El protagonista político del siglo XXI ya está con nosotros. Todavía no ejerce su autoridad de manera plena pero va haciéndose poco a poco irresistible. Acumula poder y crece en fuerza. Se insinúa bajo modelos distintos (China y Estados Unidos son los paradigmas), que convergen alrededor de los vectores que impulsan su desarrollo: la inteligencia artificial (IA), los algoritmos, la robótica y los datos». Lo que aquí se denominan modelos chino y estadounidense distan, a mi juicio, tanto el uno del otro, que es un error concebirlos dentro del mismo tipo de poder. El primero es, efectivamente totalmente centralizado y le es aplicable el término de «soberanía», pero no para el modelo estadounidense y, en general, occidental. Este poder, que aglutina un indudable poder en pocas empresas en connivencia con las instituciones, no es un poder soberano. El soberano poder indivisible, y realmente hay grandes empresas y no una sola. Pero por una razón más fundamental: la digitalización occidental supone, al mismo tiempo, «un reparto de poder». Lo vemos en el presente con el lanzamiento del Chat GPT-4, del mismo modo que desde hace décadas las redes sociales «repartían» el poder de captar la atención entre sus usuarios. El olvido de esta descentralización, por muy benéfica que sea para las empresas, impiden la comprensión del fenómeno en su totalidad.

28.   Al primero y no al segundo se refiere en su introducción al *Ciberleviatán* de José María LASALLE, Enrique KRAUZE. Se refiere a un «orden aterrador» que, si bien puede servir para describir la deriva de la vigilancia en China, difícilmente sirve para Occidente, en la que de ninguna manera la fuente del poder es el terror.

29.   HUXLEY, A., *Nueva visita a un mundo feliz*, Seix Barral, Barcelona 1984, p. 45.

30.   HUXLEY, A., *Un mundo feliz*, Debolsillo, Barcelona 2005, p. 16.

en masa [...] se ha comprobado que es ineficaz [...] Un estado totalitario realmente eficaz sería aquel en el que los jefes políticos todopoderosos y su ejército de colaboradores pudieran gobernar una población de esclavos sobre los cuales no fuere necesario ejercer coerción alguna por cuanto *amarían su servidumbre*»[31].

HUXLEY parece estar en la senda correcta para describir el poder basado en infligir placer, dominante en los últimos tiempos (al menos, en los países occidentales). Sin embargo, «estado totalitario» no parece la terminología adecuada para el ámbito en el que surge este poder. Si el poder digital está basado en el placer ha de ser forzosamente otra cosa distinta del basado en el terror, por mucho que reduzca la libertad de los individuos. El acierto de HUXLEY radica en señalar que esta nueva forma de poder se basa en una servidumbre voluntaria, en la que se logra «la gente ame su servidumbre». No se trata, a mi juicio, de una «agonía del poder»[32], de la sustitución del poder por otra cosa, la «hegemonía», sino de una transformación del mismo poder. Con singular agudeza se ha dicho que «hoy en día es preciso luchar contra todo lo que nos procura bienestar» [...] Todo cuanto cabía entender como una conquista en los tiempos modernos es susceptible de una inversión que lo presente como una nueva forma de servidumbre[33].

En todo caso, parece más acertado contraponer el poder totalitario y el poder digital[34]. Los deseos legítimos de condenar ciertas formas poder, basados quizá en razones éticas, pueden llevar a usar una terminología que no es precisa. Así, las diferencias entre una y otra forma de poder son múltiples: el poder totalitario es ideológico y administra jerárquicamente el terror para afianzarse como poder. En cambio, el poder digital es a-ideológico y se afianza mediante la dependencia. El medio de este poder es lograr una dependencia mediante la emoción[35], el juego o el fomento de la comunicación. El poder digital emplea positivamente deseos humanos para

---

31. HUXLEY, A., *Un mundo feliz*, cit., p. 15. Énfasis mío.
32. BAUDRILLARD, J., cit., p. 45.
33. BAUDRILLARD, J., cit., p. 41.
34. ZUBOFF, S., cit., p. 483. «[...] sostengo que equiparar el poder instrumentario con el totalitarismo impide que comprendamos bien su potencia, e impide también que podamos resistirnos a ella, neutralizarla y, en último término, derrotarla del modo debido. No existe ningún precedente histórico para el instrumentarismo, pero sí contamos con ejemplos muy vivos de antecesores de esta clase de encuentro con una nueva especie inédita de poder». Aquí ZUBOFF se inspira en Hannah ARENDT para presentar el «poder instrumentario» (poder digital) como una forma nueva y sin precedentes de poder.
35. Las emociones son magníficas para nuestra supervivencia que, en algunas circunstancias, requiere soluciones expeditivas. Si en nuestra casa hay un incendio mientras

atraer, mientras que el poder totalitario emplea esos deseos para propugnar el terror.

El contraste entre poder totalitario y digital puede ser mostrado todavía con mayor decisión. El poder digital tiene una tendencia, a un tiempo, monopolística y distributiva. La tendencia monopolística guarda relación con esa aspiración totalista antes mencionada, y la adquisición constante de aquellas empresas que podrían rivalizar con los servicios que las tecnológicas prestan. Pero el carácter distributivo del poder de captar la atención es más significativo y singular de este tipo de poder. El poder basado en la atención es un poder distributivo porque reparte el poder de captar la atención entre los usuarios. Este poder depende del reparto de poder de captar la atención. La razón es que se logra mucha más atención si son los usuarios los que son capaces de captarla, si se capta de forma descentralizada. Es decir, si el individuo interioriza el deseo de captar la atención ajena al recibir precisamente ese poder al abrirse una cuenta. Aquí es importante que el usuario se desarrolle con relativa libertad, dentro de un medio estimulante, pero pudiendo decidir qué contenidos transmite, por ejemplo. En este sentido es un poder abierto, no-excluyente, porque precisamente es la inclusión y la distribución lo que necesita para funcionar.

Por otro lado, las grandes empresas que tienen un mayor control sobre la digitalización no ejercen más que el control necesario para el lucro, pero en ocasiones ni siquiera controlan quien usa sus propios servicios. Por

---

estamos en la cama es de agradecer que nuestro sistema nervioso se ponga en marcha para la huida —aumentando el pulso cardíaco y poniendo los músculos en tensión— sin consultárselo a la razón, demasiado lenta para una situación así. Las emociones producen en nosotros una reacción rápida y automática —no consciente—, ante un cambio en nuestra percepción. «Vivimos el impulso de nuestros instintos como el ser empujados ciegamente hacia algo» (Dietrich Von Hildebrand). No es de extrañar entonces que la palabra «emoción» proceda etimológicamente de mover, ser empujado. Mueve a una reacción que es básicamente de dos tipos; de huida —como en el ejemplo— o de acercamiento. La emoción —en cuanto reacción—, siempre nos lleva a actuar, a hacer algo. En resumen, las emociones son prerreflexivas, efímeras y reactivas.

No son lo mismo que el sentimiento, parecen cosas completamente distintas en realidad. El sentimiento o pasión es algo que padecemos, pero carece de automatismo. Tampoco tiene porqué mover a hacer nada, no es reactivo. Aunque el individuo se vea afectado por algo y experimente un sentimiento, en muchos casos puede avivarlo o moderarlo según su criterio. Además, se puede reflexionar y contar una historia sobre él. El sentimiento se puede narrar. Por eso C. S. Lewis pudo escribir Una pena en observación al morir su mujer. A diferencia de la emoción, que es útil, sabemos que la pena tiene su belleza. La pena por el ser querido tiene su particular belleza porque nos recuerda que tenemos corazón. «Las respuestas afectivas —escribe Von Hildebrand— son voces de nuestro corazón [...] en ellas está contenida toda nuestra persona».

ejemplo, algunas redes sociales no controlan que solo se registren personas. En la práctica, muchos usuarios no son más que *software, bots.* Esto puede verse como positivo para la red social, no solo porque parece que tiene más personas usuarias de las que tiene, sino porque esos cientos o miles de *bots* pueden contribuir también a captar la atención. No se busca tanto controlar absolutamente el medio digital, como obtener lucro del mismo con independencia de las consecuencias sociales, entre ellas, la posibilidad de manipulación masiva.

Respecto de los usuarios, como se ha dicho, las tecnológicas no asumen un poder de infundir creencias, sino de captar la atención. Es el medio o la forma lo que las tecnológicas controlan, dejando libertad a los mensajes que se intercambian[36]. Lo relevante es la implicación del individuo con el servicio que prestan, y resulta irrelevante lo que el individuo haga con el servicio mientras lo emplee el mayor tiempo posible y haga su particular trabajo de captar, a su vez, la atención ajena. Vemos que el poder digital se desarrolla como un poder no-ideológico, que ignora la distinción entre verdadero y falso y, por tanto, admite en su seno cualquier posición política o ideológica.

Es verdad que los algoritmos que regulan este medio dan preferencia a aquellas ideas o mensajes que aumentan la implicación del usuario. Pero no importan las ideas mismas sino *su efecto* en los demás usuarios. Así, los algoritmos potencian palabras como «ataque, malo o culpa». Estos términos permiten fomentar el enfado y la ira, una pasión que inhibe o dificulta

---

36. Uno de los modos de dominar, de doblegar la voluntad de otro, es la violencia. La violencia coactiva es la forma con que el despotismo tradicional ha forzado a las personas para el logro de sus fines. Sin embargo, las acciones hechas por ignorancia tampoco son voluntarias. El actuar humano no es libre cuando se obra por ignorancia. Cuando se hace algo por ignorancia nos encontramos en el ámbito de lo involuntario. La desigualdad en el conocimiento engendra ignorancia y, por ello, falta de libertad. Esta segunda forma de socavar la libertad, mediante la ignorancia, es la más inteligente. Tiene que ver con la persuasión y el engaño y no con la violencia coactiva. Esta segunda es la que emplean las grandes tecnológicas. Se constituyen formas de dominación sutiles porque se presenta como espontaneo al individuo lo que está planificado. «¿Adónde quieres ir hoy?» rezaba un anuncio de Microsoft dando apariencia de espontaneidad o «sensación de libertad» (HAN, B. C., *Infocracia* cit., p. 14). Sin embargo, como hemos señalado al referirnos al trabajo de J. WILLIAMS, esta explicación sería demasiado simplista. Las tecnologías persuasivas son tecnologías de la seducción, de invitación, de indicación, de orientación o de conducción... en definitiva, no puede decirse que, en bloque, eliminen la libertad. Tampoco que la desigualdad epistemológica entre el capitalismo cognitivo y usuarios lleve, necesariamente, a tener que afirmar que no hay libertad en el entorno digital.

nuestra capacidad de prestar atención voluntariamente[37]. El efecto que producen es el de captar la atención pasiva colectiva, de implicar a otros y de mantenerlos ante la pantalla.

La distinción con el totalitarismo se vuelve todavía más acusada si atendemos a que el totalitarismo no persigue fines claramente identificables y racionales. El núcleo del fenómeno totalitario, los campos de concentración, constituye una dificultad para la comprensión, precisamente, porque estos no tienen un carácter instrumental, porque el mal que allí se infringe no se puede presentar racionalmente. El poder totalitario es incomprensible desde el punto de vista de las relaciones entre medios y fines. Los internos en los campos son superfluos, se procura que experimenten su propia inutilidad e irrelevancia. Se procura enterrar hasta la memoria de su existencia. Por el contrario, el poder digital parece suponer la antítesis del poder totalitario.

Las redes sociales son el núcleo del poder digital, y estas responden a un modelo económico basado en captar la atención. Es decir, a una relación perfectamente identificable entre medios y fines desde un punto de vista económico. El logro de estos fines pasa por conseguir que el individuo interiorice, en la medida de lo posible, los objetivos de los que ostentan el poder. Es decir, que los individuos quieran ser ellos captadores o comerciantes de atención. De este modo el usuario que quiere captar la atención quiere libremente lo mismo que quieren los dueños de la plataforma. Así, el individuo se muestra públicamente y dirige sus esfuerzos a mejorar cómo se muestra ante los otros, muchas veces tomándose en cuenta a sí mismo de modo narcisista. De todo esto las tecnológicas no olvidan nada, gracias a una posibilidad de almacenamiento progresivamente superior y más barata. Esto último ha llevado, por ejemplo, al reconocimiento del derecho al olvido.

Si el totalitarismo culmina con la eliminación física, lo que el poder digital crea es un espacio de comunicación descorporizada que fomenta el narcisismo, situando al individuo en el centro. A diferencia del totalitarismo,

---

37. HARI, J., cit., p. 186. [...] por el funcionamiento de los algoritmos, esos sitios, muchas veces, nos llevan al enfado. Los científicos llevan años demostrando en experimentos que la ira interfiere en nuestra capacidad para prestar atención. Han descubierto que, si alguien nos enfurece, prestaremos menos atención a la calidad de los argumentos que nos rodean y que mostraremos «una disminución en la profundidad de lo procesado», es decir, que pensaremos de una manera más superficial y menos atenta. Todos hemos tenido esa sensación: empezamos a enfurecernos y nuestra capacidad para escuchar correctamente nos abandona. Los modelos de negocio de esos sitios potencian nuestro enfado diariamente. Tengamos presentes las palabras que promueven los algoritmos: «ataque, malo, culpa».

que pretende destruir al individuo, el poder digital engendra una ilusión de grandeza. Esto no guarda relación con el poder totalitario, sino con realidades que se asocian con la libertad. Veamos esto con más detalle para ofrecer una visión más amplia del concepto de poder que sea capaz de dar cuenta del poder digital de las redes sociales. Por ahora parece que «totalitarismo digital» es un término que podemos evitar con independencia de las aspiraciones totalistas del mismo. Pero ¿qué noción de poder permite incluir un poder que no está basado en el temor al castigo o al terror?

5. TECNOLOGÍAS DE REPUTACIÓN Y TECNOLOGÍAS DE BÚSQUEDA

Las tecnologías persuasivas son eficaces gracias a las tecnologías de reputación y de búsqueda. El primer tipo de tecnologías son las de la reputación. Estas tecnologías puntúan y clasifican al individuo. Analizan información masiva y lo evalúan en cualquier ámbito y con cualquier propósito. Presentan al individuo ante los otros como el resultado de información mediada por algoritmos. El propósito de evaluar puede ser decidir sobre la obtención de un crédito o de un trabajo; conocer el estado de salud; la inclusión en un fichero policial o condenar al acusado en un juicio, por señalar algunos usos. Las grandes tecnológicas emplean la reputación, pero también los gobiernos de todo el mundo, no solo los despóticos. Unos y otros, tecnológicas y gobiernos, no pocas veces cooperan entre sí[38].

Con respecto a los gobiernos, el sistema de crédito social chino aspira a ser el mejor ejemplo de tecnologías de la reputación en su forma más despótica. De acuerdo con criterios como la actividad política, los antecedentes penales, la productividad del individuo o el comportamiento en las redes sociales, entre otros muchos, se pretende asignar un número a cada súbdito chino. La finalidad declarada del crédito es recompensar la honradez de la persona y castigar su falta de ella. En realidad, busca tanto el monopolio político del partido comunista, como el crecimiento económico[39]. Los individuos con crédito bajo son castigados por el Estado con, por ejemplo, sanciones económicas, no poder ser elegidos para determinados trabajos o no poder recibir un préstamo. La recompensa corre a cargo de las empresas, como disfrutar de descuentos. El proyecto piloto ya se ha llevado a cabo en decenas de ciudades chinas y el objetivo era tenerlo implementado a nivel nacional el pasado 2020, pero según parece sigue en desarrollo[40].

---

38. PASQUALE, F., *The Black Box Society. The Secret Algorithms that Control Money and Information*, Harvard University Press, 2015, pp. 206-207.
39. KSHETRI, N., «China's Social Credit System: Data, Algorithms and Implications», *IT Professional*, marzo 2020, pp. 14-18.
40. KSHETRI, N., cit., p. 14.

Hay, desde luego, otros usos de la reputación. En China, y en otros países de Asia, estas tecnologías han permitido luchar de forma más eficiente que los países occidentales contra el Sars-Covid-2[41]. En definitiva, sus usos son múltiples y se puede decir que esta digitalización reputacional en manos de los Estados se orienta al viejo sueño ilustrado de organizar de forma más eficiente la sociedad. Eficiencia casi siempre reñida con la libertad, pero que puede revestir muchas formas, no todas despóticas.

Ahora bien, las tecnologías de la reputación se orientan, en la mayor parte del mundo, no tanto a controlar la sociedad directamente sino al enriquecimiento. El control será el necesario para el lucro y será más flexible, mucho más difuso y sutil que el chino, pero quizá por ello más poderoso. Las grandes tecnológicas usan la reputación para conocer mejor a sus usuarios, captar su atención mediante tecnologías persuasivas y extraer más dinero de ellos.

Las tecnologías de búsqueda configuran todo lo que aparece ante la pantalla. Las grandes tecnológicas dicen *simplemente mostrarnos* el mundo con ellas a través de sus servicios, como en un espejo. Sin embargo, no reflejan la realidad. Las tecnologías de búsqueda ayudan a las tecnológicas a *crear el mundo que quieren mostrarnos*[42], y este mundo que nos muestran está muy personalizado[43]. Con ello se espera mantener el mayor tiempo posible al usuario ante el dispositivo[44]. El círculo que se produce es que, a mayor personalización más tiempo en pantalla y, a mayor tiempo en pantalla, mejor personalización.

Estas tecnologías de búsqueda están, por tanto, directamente relacionadas con la llamada economía de la atención. Esta economía busca una implicación siempre creciente del usuario. De forma significativa Reed HASTINGS, director de Netflix, ha señalado que no compite con otros servicios y productoras de series, sino con las horas de sueño[45]. Considerar la atención de las personas como una parte esencial de su negocio es la razón por la que las pantallas no pueden ser un espejo de la realidad, porque la realidad no capta la atención como el contenido adictivo. Presentar la rea-

---

41. HAN, B.-Ch., «La emergencia viral y el mundo de mañana», *El País*, 22 de marzo de 2020.
42. PASQUALE, F., cit., p. 61.
43. El primero en alertar sobre esto fue Eli PARISER en *The Filter Bubble: What the Internet Is Hiding from You*, Penguin, Londres 2012, *passim*.
44. Por ejemplo, Facebook gracias el conocimiento reputacional de 2.700 millones de usuarios puede mostrar en pantalla al usuario, con mucha precisión, lo que más le mantendrá en ella.
45. https://www.fastcompany.com/40491939/netflix-ceo-reed-hastings-sleep-is-our-com petition [consultado: 18/11/2023].

lidad directamente no es adictivo; ni la verdad de los hechos lo es, ni la capacidad de reflexión sobre ellos. Así, de forma creciente, lo que se nos muestra se desvincula de la realidad aun en los casos en los que pretende reflejarla.

Estas tecnologías de búsqueda ordenan la sociedad, pero de forma puramente formal. El criterio del algoritmo es formal, muestra simplemente el contenido *más adictivo* para el usuario con independencia del que sea. Por tanto, las tecnológicas no dirigen deliberadamente a sus usuarios hacia una posición política. Por eso, la polarización o el encierro en el propio punto de vista es un daño colateral de esos algoritmos antisociales, pero no un daño deliberadamente buscado. Muestra, más bien, un deseo de extraer lucro sin que importen las consecuencias, ni siquiera a corto plazo, en el mismo espíritu que la especulación financiera y, como en el caso de aquella, ante el silencio del derecho.

Como vemos, la digitalización tiene dos caras, igual que el dios Jano. Una es la cara controladora, que evalúa, mide al usuario, predice su comportamiento y le otorga un número; la reputación. La otra es la cara agradable y adictiva que le muestra con una mano lo que más activa los circuitos de la recompensa del cerebro, al tiempo que, con la otra, recoge cada gesto que hace; la búsqueda[46].

Las digitocracias que se basan en la primera son una forma de ingeniería social. La reputación en manos de gobiernos como el chino puede ser enormemente despótica y coactiva. El gobierno controla lo que aparece en internet y domina mediante prohibiciones, o cerrando páginas, pero no controla haciendo adictos a sus súbditos. De hecho, el sistema de crédito chino contiene la variable del uso excesivo de videojuegos, que se valora negativamente, por hacer al individuo improductivo[47]. El gobierno chino es manifiestamente despótico y, por tanto, muy fácil de reconocer como esencialmente antiliberal. En cambio, desde Silicon Valley se utiliza la reputación combinada con la búsqueda. Ofrecen servicios sencillos, muchas veces útiles, de forma gratuita. Siempre parece haber *recompensa* y no castigo, a dife-

---

46. Un ejemplo de cómo se integran reputación y búsqueda: de acuerdo con todo lo que sabe Youtube del usuario a través, simplemente, de todo lo que hace en pantalla, construye un avatar, una versión digital de aquel. Con cada conexión del usuario el avatar es más parecido al individuo real. De este modo, Youtube puede prever qué vídeos le mantendrán en la pantalla con enorme eficacia y reproducirlos preguntando al avatar.

47. KSHETRI, N., cit., p. 16.

rencia del crédito chino. Esto la hace una forma de gobierno *de facto* mucho más inteligente, sibilina y difícil de detectar[48].

Conviene mencionar, por último, a B.J. FOGG, que se encuentra en la matriz de la economía de la atención, y es una «fábrica de millonarios», los fundadores de Instagram se encuentran entre sus estudiantes. El *Behavior Design Lab* ha desarrollado la llamada «captalogía» o el are de captar la atención del usuario, lo quiera o no[49]. La captología observa los comportamientos de los adolescentes, lo que ha dado lugar a las redes sociales en las que la competencia sin consecuencias reales forma una burbuja de satisfacción que refuerza la idea de que el mundo de las pantallas táctiles es más satisfactorio que el mundo que nos rodea[50]. El ámbito de actividad de la captología son las interfaces hombre-máquina y pretende llevar a cabo una «conquista del tiempo humano»[51].

La economía de la atención pretende hacer producir más el tiempo, «la fiebre del tiempo» de dos maneras: 1) reduciendo el tiempo necesario para las acciones habituales o 2) aumentando la productividad y permitiendo al usuario llevar a cabo varias acciones de manera simultánea[52].

Pero esto se desarrolla más específicamente al señalar que los gigantes de internet tuvieron que conquistar nuevos espacios. El nuevo tiempo era el tiempo ya ocupado por actividades poco interesantes (transporte, colas) o, por el contrario, totalmente fundamentales (estudio, trabajo, vida personal y social, descanso). Contaba con la herramienta exclusiva de conocer la identidad y comportamiento de los usuarios para ocupar este tiempo[53].

La eficacia imparable de la publicidad dirigida y el aumento de uso de los servicios digitales se basa en utilizar cuatro disparadores publicitarios diseñados a medida. «El filósofo Yves CITTON diferencia cuatro categorías: 1) los mensajes o alertas que se cuelan de rondón en nuestro paisaje mental son herramientas de creación de atención cautiva; 2) la propuesta de cualquier tipo de recompensa alimenta la atención atractiva; 3) el desarrollo de mensajes entretenidos, chocantes o serios incide sobre la atención volunta-

---

48.   HAN, B.-Ch.; *Psicopolítica. Neoliberalismo y nuevas técnicas de poder* (trad. A. Bergés), Herder, Barcelona 2014.
49.   PATINO, B., *La civilización de la memoria de pez. Pequeño tratado sobre el mercado del a atención*, Alianza, Madrid 2020, p. 64.
50.   PATINO, B., cit., p. 64.
51.   PATINO, B., cit., p. 65.
52.   PATINO, B., cit., p. 69.
53.   PATINO, B., cit., p. 82.

ria; 4) la atención aversiva (que produce aversión) procede del miedo a perderse algo importante (FoMo)»[54].

La paradoja insoluble de la economía de la atención consiste en captar el tiempo de los usuarios conectados proponiéndoles ganar tiempo. Por otro lado, la captación de atención es cada vez más costosa, igual que la adicción a una droga requiere dosis cada vez mayores para calmar el síndrome de abstinencia. «Lo mismo ocurre con las armas de la captología: deben aumentar su carga si quieren seguir desarrollando su influencia y maximizar sus resultados económicos. La explotación de la atención se parece a la de una mina a cielo abierto, más costosa, más difícil a medida que avanza la explotación. Más peligrosa para los mineros, que se han convertido en usuarios digitales en la mina de tiempo»[55].

IV. EL DERECHO A LA ATENCIÓN

Recordemos ahora la tercera proposición y consecuencia del silogismo que venimos desarrollando en este capítulo:

Debemos, en consecuencia, reconocer un derecho a la atención como nuevo derecho humano subsiguiente que dimana de la situación histórica actual.

Se pueden aceptar las otras dos proposiciones sin aceptar esta tercera. Pero cabe argumentar porque pasar a la tercera:

1. Se puede justificar el derecho a la atención en nombre de la dignidad humana o la libertad humana o porque conduce a mejores consecuencias para el ser humano.

2. Se puede señalar, de modo similar, que la atención es una condición «*sine qua non*» de la buena vida.

3. También se puede señalar que reconocer un derecho a la atención será políticamente útil. El lenguaje jurídico-político contemporáneo da mucha fuerza al lenguaje de los derechos[56].

4. La garantía del derecho a la atención abre la puerta a una ciudadanía crítica atenta a los problemas colectivos de cada comunidad política.

---

54. Citado por PATINO, B., cit., p. 83.
55. PATINO, B., cit., p. 73.
56. DANAHER, J., cit., sin paginación.

1. DERECHO A LA ATENCIÓN: ALGUNAS APROXIMACIONES

La doctrina discute desde hace pocos años el derecho a la atención. El planteamiento es de defensa de la atención entendida como «foco», tal y como se entiende habitualmente. Varios autores abogan por su reconocimiento como derecho legal o constitucional TRAN, PURI (en este volumen) y CHOMANSKI (en este volumen)[57]. Tanto TRAN como PURI consideran este reconocimiento como una respuesta frente a la economía de la atención y el debilitamiento (incluso supresión, señalan) de la atención voluntaria de los usuarios debido al dominio de las grandes empresas tecnológicas.

Para PURI, el derecho a intimidad atencional es: «El derecho a la intimidad atencional tiene el propósito de impedir el "cultivo" de la atención a través de "hiper-empujones" y "super estímulos" desarrollados en base al procesamiento y agregación de datos»[58]. Veamos la definición de CHOMANSKI: «El derecho a la atención sería, más o menos, el derecho a dirigir nuestra atención como nos parezca, cuando esté sujeta a un control voluntario, y, adicionalmente, estar libre de distracciones impuestas por otros (es decir, intentos de re-dirigir nuestra atención contra nuestra voluntad»[59].

J. DANAHER ha presentado el derecho a la atención desde una perspectiva propia, pero parcialmente basada en W. N. HOHFELD. Este derecho tendría, a su juicio, estas manifestaciones:

- Libertad: la libertad de fijar la atención y hacer uso de ella como le parece a su titular (acto natural).

- Exigencia: el deber de los otros de no interferir o controlar la atención (contenido), o interferir o controlar la capacidad para prestar atención (capacidad) (acto natural)

- Poder: renunciar al poder de exigencia legalmente reconocido de no interferencia de los otros o de las experiencias de penetrar en el foco de la atención del titular (acto jurídico).

---

57. Ya apuntada la necesidad de su protección en el Onlife Manifesto.
58. PURI, A., en este volumen. Para PURI este es la respuesta a la economía de la atención que controla la conducta mediante los llamados «hiper-empujones» y «super estímulos». PURI destaca tres herramientas para medir, manipular y explotar la atención:
     1. El perfilado y la «focalización conductual» (basada en ese perfilado).
     2. Los experimentos A/B y las recompensas variables.
     3. RTB (*Real Time Bidding*): supone rastrear al usuario y crear un perfil para usarlo a tiempo real con fines comerciales y publicitarios.
59. CHOMANSKI, en este volumen.

– Inmunidad: la protección reconocida contra la posibilidad de que los otros alienen mi derecho a la atención (e.g. al vender una *exigencia* sobre tu atención a terceros) (acto jurídico)[60].

Por su parte, según CHOMANSKI, el derecho a la atención puede ser entendido de dos maneras. Primero: como ausencia de una obligación del titular, o una libertad a secas. Esta libertad tiene lugar sin obligación correlativa por parte de terceros (libertad). En este caso el contenido del derecho supone que el titular dirige la atención donde le parece: *no está obligado a no dirigir la atención voluntaria donde quiere*. Esto supone la ausencia de obligación por parte del titular, pero no implica obligaciones de terceros[61]. Es, en definitiva, nada más que un acto natural. Sin embargo, el derecho a la atención puede ser entendido como obligación correlativa de *todos los demás de no interferir* en cómo el titular orienta su atención. También puede significar el correlato de una obligación por parte de tercero (exigencia)[62]. Además, el derecho a la atención es alienable, dice este autor, de modo que el individuo puede renunciar a él permitiendo así intromisiones ajenas de nuestra atención (e.g. distracciones) (poder en la terminología de HOHFELD).

Pero, precisándolo más, en ese segundo sentido más fuerte (exigencia), como correlativo de una obligación pasiva ¿qué clase de interrupciones o intromisiones en la atención del titular estarían prohibidas por el derecho a la atención?

Según CHOMANSKI, de acuerdo con la concepción de la atención como foco, el derecho a la atención debe entenderse como un derecho frente a *intromisiones significativas no consentidas*. Esto debe ayudar a delimitar cuál

---

60. DANAHER, J., cit., sin paginación.
61. Es lo que VON WRIGHT denomina «permiso débil». Podemos ofrecer algunos ejemplos, adaptando los que ofrece Nino: «Tengo derecho a vestirme como quiera», «Tenemos derecho a fumar en la calle». Se trata de conductas que no están prohibidas por ninguna norma. Nino recuerda que tiene poco uso en el lenguaje común y jurídico, de modo que se presta a confusión con otras acepciones del término «derecho». NINO, C. S., *Introducción al análisis del derecho*, 2.ª ed. ampliada y revisada, Buenos Aires, Ed. Astrea, 2003, pp. 198-201.
62. Nino señala, como ejemplo: «Tengo derecho a descansar con tranquilidad», «Roberto tiene derecho a que el vecino no le tape el sol con una pared». En ambos casos la frase puede cambiarse por una equivalente que hable del derecho de alguien a no perturbar el sueño o a no construir un muro. KELSEN distingue los derechos que son correlatos de obligaciones pasivas: los relativos o absolutos. Los derechos correlativos se correlacionan con el deber de una persona o personas (como el vecino en el ejemplo); los absolutos con todas las demás personas (todos los demás en el derecho al descanso). El derecho a la atención así entendido sería absoluto como correlato de una obligación pasiva de todas las personas de no interferir en nuestra atención. NINO, C. S., *Introducción al análisis del derecho*, 2.ª ed., Astrea, Buenos Aires 2003, pp. 203-204.

es el *ámbito jurídico protegido* del derecho a la atención o cuál es su contenido. Están prohibidas aquellas interrupciones significativas que impiden mantener el foco de la atención en lo que el titular de este derecho desea. CHOMANSKI no oculta la dificultad de definir «significativa» y señala que las interrupciones son *probablemente* no-significativas si la distracción es muy breve, si es rara más que persistente, si no causa daño, si es fácil de evitar o a si a la persona distraída no le importa demasiado[63]. El consentimiento ofrece no menores problemas para delimitar el ámbito jurídico protegido de este derecho especialmente en el marco de los servicios digitales. Completando a CHOMANSKI cabe señalar que muchos servicios, como la radio, la televisión o plataformas como Youtube, se ha de entender que hay un consentimiento tácito del oyente o televidente por el hecho de usar el servicio de aceptar los anuncios. En estos casos la publicidad está claramente delimitada, pero no siempre es así y la publicidad a veces se confunde con los enlaces como en los anuncios nativos.

Obligación de atender

No entran dentro del ámbito protegido por este derecho determinadas situaciones en las que hay una *obligación del titular que afecta a la orientación de su atención*. Es decir, debido a una obligación, no existe esa libertad a secas de la que se hablaba. Más bien existe una obligación positiva de prestar atención a algo concreto, o negativa de no prestarla. Respecto a la obligación positiva, por ejemplo, el conductor de autobús ha de atender a la carretera, o el profesor atender a los niños en la guardería. Por su parte, tiene la obligación negativa de no prestar atención el que tiene a su alcance visual información íntima sobre la salud de otro (por ej., en la pantalla de su móvil), sin que este se la muestre voluntariamente[64]. En estos casos, nos encontramos dentro del ámbito material de la atención, pero no estamos, por completo, dentro del ámbito jurídico protegido por el derecho a la atención. La dimensión de correlato de una obligación pasiva se mantiene, pero no la libertad de atender a lo que se quiere. No estamos en el ámbito del derecho a prestar atención a lo que se desea (libertad), pero *sí* se mantiene la prohibición de la intromisión significativa por parte de terceros (exigencia).

Renuncia a no ser distraído

La otra pregunta que cabe realizarse es si estar libre de distracciones no posee también algunas excepciones. CHOMANSKI señala que sí. Como se ha señalado, es posible que el titular *renuncie* al derecho a estar libre de distracciones en el marco de determinadas circunstancias. Esto es lo carac-

---

63.　CHOMANSKI, B., en este volumen.
64.　CHOMANSKI, B., en este volumen.

terístico del derecho a la atención como «poder» en la terminología de HOHFELD. Por ejemplo, un jugador de baloncesto cuando lanza un tiro libre asume, como parte del juego, que las aficiones del equipo rival le van a tratar de distraer. Al hacerse jugador de baloncesto renuncia a su derecho a realizar los tiros libres sin distracciones.

Anulación del derecho

Finalmente, CHOMANSKI destaca que el derecho a la atención puede ser *anulado* en circunstancias excepcionales, porque es un derecho limitado (*pro tanto right*). En otras palabras, algunos actos que suponen *interrupciones significativas no consentidas* de como dirigimos nuestra atención están permitidos y suponen la «anulación» del derecho a la atención. CHOMANSKI pone el siguiente ejemplo. Pongamos que, estamos ensimismados leyendo un libro en un parque y, de pronto, nos interrumpen las sirenas, luces intermitentes y muchos gritos, haciendo imposible mantener la atención en la lectura. Resulta que, a poca distancia los médicos atienden a una persona gravemente herida. CHOMANSKI señala que, en este caso, la violación (*violation*) del derecho a la atención está permitida. Con más precisión, habría que decir, corrigiendo a CHOMANSKI, que no hay violación alguna. En ese caso no se dan las condiciones para dirigir la atención voluntaria hacia donde uno quiere.

Podría preguntarse si el planteamiento de CHOMANSKI es suficiente para defender la atención. En este punto se ha señalado que proteger nuestra atención tendría dos componentes:

1. Protección del contenido «garantizar que prestamos atención a cosas que hace mejor nuestras vidas y que no estamos constantemente distraídos por cosas triviales y sin importancia».

2. Protección de la capacidad: garantizar que adquirimos y retenemos la capacidad para una «consciencia extraordinariamente concentrada» (*extreme concentrated awareness*), como la capacidad de entrar en estados de flujo[65].

2. OBJECIONES FRENTE AL RECONOCIMIENTO DEL DERECHO A LA ATENCIÓN

Con objeto de profundizar en este tema, hay que señalar que se pueden presentar objeciones al reconocimiento del derecho a la atención. Uno de

---

65. DANAHER, J., cit., sin paginación.

los argumentos frente[66] al reconocimiento de un derecho a la atención es la afectación de derechos existentes ya reconocidos. Particularmente, la libertad de expresión. La respuesta de TRAN al posible conflicto con la libertad de expresión es que esta no implica la obligación de los otros a prestarte atención. Pero no cabe duda de que el que se expresa libremente puede interrumpir nuestra atención voluntaria. Pero si lo relacionamos con las redes sociales, ámbito central del poder digital, la captación se logra no mediante una igualitaria libertad de expresión, sino con la multiplicación del impacto de ciertas formas de expresión u opinión que más eficazmente captan la atención. El algoritmo de Youtube, por ejemplo, selecciona y coloca en mejor posición aquellos vídeos que más captan la atención. Si uno comienza viendo un vídeo sobre el Holocausto el algoritmo te recomendaba ver otros vídeos sobre el Holocausto, cada vez más extremos, hasta llegar a un vídeo que negaba que el Holocausto hubiera ocurrido[67]. Restringir el uso de algoritmos así no implica una disminución de la libertad de expresión. No supone eliminar los vídeos que niegan el Holocausto, sino dejar de destacarlos y dejar de multiplicar su importancia porque logran un mayor tiempo en pantalla del individuo.

Una segunda objeción se refiere a un problema práctico. La vida cotidiana de una persona está constituida por una multitud de requerimientos. ¿Cómo se podría proteger al individuo de todos estos requerimientos? La respuesta es que no es posible, ni siquiera deseable. La protección de este derecho no es una protección frente a todas las interferencias. Hay que tomar en consideración únicamente aquellas interferencias de mayor envergadura e importancia como las que fomentan la creación de conductas ludificando la comunicación o están adaptadas al perfil psicológico de la persona como hacen las redes sociales. Esto distingue estas interrupciones de la publicidad tradicional en radio, prensa y TV en la que el anuncio es idéntico para todos.

La tercera objeción frente al derecho a la atención consiste en afirmar que ya hay demasiados derechos lo que reduce su utilidad y la protección eficaz que deberían de dispensar. Esta objeción es importante, más aún si reconocemos que el derecho a la atención forma parte del derecho a la intimidad, un derecho ampliamente reconocido y suficientemente consolidado. Sin embargo, en respuesta a esto puede alegarse la fuerza retórica que reside hoy en el reconocimiento de derechos.

---

66. DANAHER, J., cit., sin paginación.
67. HARI, J., cit., p. 189.

3. ALTERNATIVAS AL DERECHO A LA ATENCIÓN

Como ha señalado James WILLIAMS, esta problemática da lugar a numerosas preguntas relativas a la ética de la publicidad (no el derecho, pero aún así resulta de valor para este): «¿qué formas de manipulación de la actitud y la conducta pueden considerarse modelos de negocio aceptables? ¿En qué nos basamos para ver que la captura y explotación a gran escala de la atención humana algo natural o deseable? ¿a qué principios debemos sujetar los mecanismos de la persuasión comercial, sabiendo que inevitablemente se emplearán también para la persuasión política?»[68].

Muchas son las propuestas que pueden hacerse para recuperar la atención, por ejemplo, Bruno PATINO señala cuatro: santuario, preservación, explicación y deceleración:

1. Santuario: lugares sin conexión. El establecimiento de zonas sin conexión digital, igual que las zonas de no fumadores, ya que también es un problema de salud pública. Los colegios, la oración, los debates, las reuniones, solo pueden hacer su labor cercenando la dependencia digital. Esto ya ocurre en Standford, cuna de tecnologías digital, que prohíbe los móviles en clase, y cada vez más, los ordenadores[69]. Pero también se han unido a esta tendencia, prohibiendo el móvil en las aulas, países como Francia, Portugal e Italia[70].

2. Preservación: momentos sin conexión. Capacidad de tener momentos sin conexión en los momentos de intimidad personal con familia y amigos, y las noches por supuesto. Imaginar momentos de pausa, incluso varios días sin conexión, no es una ingenuidad. Las redes sociales deberían incorporar un interfaz para abandonarlas durante días o semanas, y no forzar, como así, a la conexión por miedo a perder amigos. Supone cambiar radicalmente el modo en que actúan las plataformas.

3. Explicación. Explicar el modo de protegerse de los efectos nefastos de las redes es esencial, así como expone el continuum mundo real y digital.

---

68. WILLIAMS, J., cit., p. 138.
69. PATINO, B., cit., p. 161.
70. FERNÁNDEZ VICENTE, A., «La calidez de un mundo sin smartphones», *Telos. Revista de Comunicación*, 4 de octubre de 2023.

4. Deceleración. Cualquier medio a favor de la deceleración. Por ej., media hora de lectura obligatoria en la escuela puede ser de ayuda[71].

V. CONCLUSIONES

Por todo lo dicho, en primer lugar, cabe señalar que la atención es valiosa a nivel individual y colectivo y, por tanto, algo digno de protección. En segundo lugar, la atención está crecientemente amenaza por el poder digital, de modo que hay razones sin precedentes para proteger la atención hoy. Esto permite señalar que, en consecuencia, conviene reconocer un derecho a la atención como nuevo derecho humano subsiguiente que dimana de la situación histórica actual. La forma de protección del bien de la atención puede ser, naturalmente, diferente o se puede proteger de modo distinto.

---

71. PATINO, B., cit., pp. 161-163.

El derecho humano a la atención

Antonio Fernández Vicente
Profesor Titular de Teoría de la Comunicación
Universidad de Castilla-La Mancha

Relataba PLATÓN en su diálogo *Fedro*[1] la historia del dios Theuth y el rey Thamus, de Egipto. El dios, inventor de artes como el cálculo o la geometría, quiso entregarle al rey el don de la escritura. Según decía, era un prodigio que le haría más poderoso porque aumentaría la sabiduría y memoria de los egipcios. Pero Thamus, desconfiado, sospecha de la ambivalencia de tal tecnología. Sería ingenuo apreciar sólo las ventajas y no anticipar los perjuicios. Traerá al mismo tiempo el olvido, puesto que las gentes habituadas a ejercitar la memoria delegarán en la escritura sus habilidades y el aprendizaje por sí mismos.

No hay ganancia sin pérdida. La escritura trajo consigo no sólo la desmemoria, sino también los monopolios del conocimiento, la desigualdad entre quienes aprenden a escribir y a leer y quienes no, así como la presunción de sabiduría.

Dispositivos como el *smartphone* y rutinas como la hiperconexión también conducen irremisiblemente a nuevos accidentes. Tales derivas indeseadas se vuelven más nocivas en tanto podríamos afirmar que el *smartphone* es la nueva máquina clave de la era actual, del mismo modo que el reloj lo fue en la época protoindustrial, como nos advertía Lewis MUMFORD[2]. El *smartphone* es la mediación absoluta: toda nuestra vida ha de pasar por sus circuitos.

Una de las cuestiones que, hoy en día, ponen en entredicho el papel ambivalente de la tecnología es la atención. Se diría que los dispositivos digitales afectan directamente a nuestra capacidad de atención: desenca-

---

1.   PLATÓN, *Fedro*, Gredos, Madrid 2011.
2.   MUMFORD, L., *Técnica y civilización*, Pepitas de Calabaza, Logroño 2020.

denan lo que popularmente se denomina SDA, Síndrome de Déficit de Atención. O cuando menos constituyen un factor que merma las capacidades cognitivas y perceptivas. Son agentes de distracción que impiden que una persona concentre sus percepciones en un solo estímulo. Se suele justificar esta pérdida bajo la premisa de que la atención compartida, el *multitasking*, incluso presenta ventajas respecto a quienes no son capaces de realizar varias tareas al mismo tiempo. Pero, ¿contaremos con la suficiente capacidad de atención como para leer con intensidad y respeto cualquier texto?, ¿se imponen vistazos superficiales que impiden la buena inteligencia de cualquier conversación o actividad que requiera un mínimo de concentración?

Al igual que existe un derecho a la comunicación, a la información o a la expresión y opinión, ¿no debería también promoverse un derecho a la atención? Más si cabe cuando el menoscabo de la atención se origina, en gran parte, no sólo a causas concernientes al veloz estilo de vida de la modernidad, sino a corporaciones digitales cuyo modelo de negocio se basa en el secuestro de la atención. Tal y como señala Jonathan CRARY[3], el capitalismo se transforma en prótesis tecnológica para colonizar cada aspecto de la vida y, en nuestro caso, para conducir la atención allí donde haya oportunidad de lucro.

Etimológicamente, atención proviene de la voz latina *attentio*, tener en cuenta o extenderse hacia algo o hacia alguien que habla. El verbo atender nos remite a «estirarse hacia», a prestar ayuda y cuidado. Atender es escuchar, prestar oídos y respeto a quien habla. Atender es tener en consideración algo o a alguien. También significa esperar, por ejemplo, en las voces francesas e italianas *attendre* y *attèndere*, que también contienen un significado relativo a la dedicación, a aplicarse a una tarea o incluso a mantener la palabra.

Obviamente, la atención es uno de los requisitos fundamentales en la cognición humana. Sin embargo, el aspecto que desearía subrayar no es tanto el cognitivo como el psico-social y, al fin y al cabo, filosófico. En el centro del problema de la atención hemos de situar en especial el deterioro de las relaciones interpersonales y de la relación entre el propio sujeto y el mundo.

El problema de la atención se remonta a la última mitad del siglo XIX, en pleno proceso de modernización de los ritmos vitales. Fue en 1903 cuando Georg SIMMEL escribió su ensayo sobre *La metrópolis y la vida men-*

---

3.   CRARY, J., *Tierra quemada: hacia un mundo poscapitalista*, Ariel, Barcelona 2022.

tal[4]. La migración del campo a la ciudad suponía transformaciones en la manera de sentir y de vivir, que se podrían formular en términos de aceleración. No en vano, Paul VIRILIO[5] nos hacía ver que la historia de la modernidad se puede concebir como la historia del progresivo aumento de la velocidad en los ritmos vitales.

Lo característico de la ciudad frente al campo era para SIMMEL la intensificación de los estímulos nerviosos. Se sucede continuamente un rápido intercambio de impresiones internas y externas, dotado de un fuerte contraste entre excitaciones momentáneas. Los estímulos sensoriales de la ciudad aceleran el ritmo de la vida al mismo tiempo que ciernen sobre el ciudadano una tajante discontinuidad, la volátil sensación de una atención fragmentada y, en ocasiones, caótica. Hay miles de reclamos que asedian nuestra capacidad perceptiva, que ha de ser por necesidad finita y selectiva. No ha de extrañar que RILKE en *Los apuntes de Malte Laurids Brigge*[6] confesara en 1910 que tres semanas en el campo le parecían un día, mientras que un día en París se asemejaba a largos años.

La angustiosa sensación de embotamiento y de hastío era a lo que Simmel aludía cuando nos hablaba sobre la actitud *blasée*. Los estímulos sensoriales aturden y saturan el aparato perceptivo. Tienen un paradójico efecto anestésico. El hastío se apodera del ser humano hasta el punto de convertirlo en una figura triste y melancólica. La reacción del sistema nervioso es la discreción, la indiferencia ante ese mundo de reclamos que trata de secuestrar sea de manera intencional o no nuestra atención.

¿No podríamos establecer una línea de continuidad entre el aturdimiento de la ciudad, el aparataje sensacionalista del espectáculo mediático y, en última instancia, los *social media* confluyentes en el *smartphone*? El lenguaje nos engaña y podríamos intuir que las llamadas *redes sociales* son más bien herramientas que desintegran los vínculos sociales y la formación de comunidades solidarias.

Sabemos que el tiempo es oro para quien considera que la vida sólo se entiende en términos economicistas, y que secuestrar la atención es un negocio muy rentable. Solía decirse que el cometido de la televisión no era el de producir contenidos, sino el de vender tiempo de cerebro disponible a las agencias anunciantes. Y para ello, había que cautivar, de forma literal, a la audiencia. Ya sea mediante frivolidades o impactos visuales amarillis-

---

4. SIMMEL, G., *Las grandes ciudades y la vida intelectual*, Hermida editores, Madrid 2016.
5. VIRILIO, P., *El accidente original*, Amorrortu, Madrid 2010.
6. RILKE, R. M., *Los apuntes de Malte Laurids Brigge*, Alianza, Madrid 2014.

tas, se trataba de crear una relación digamos hipnótica entre los espectadores y ese espectáculo fascinante, repleto de estímulos sensoriales.

Pero el impacto de la televisión tradicional en la atención era, relativamente, limitado. Al menos en términos de tiempo diario dedicado a la pantalla, que rondaba las cuatro horas diarias como media. Hoy asistimos a la ubicuidad de las pantallas. El *smartphone* se presenta como la prótesis ubicua que ya forma parte de la identidad de cada individuo. Bajo la premisa del contacto permanente, se estimula la adicción a comunicar a través del móvil, en un incesante intercambio de mensajes y contenidos cuya razón de ser es, sencillamente, mantener la maquinaria de generación de beneficios en circulación perpetua. Miles de estímulos perceptivos nos golpean a cada instante. Es algo así como si lleváramos un París virtual en la palma de la mano. Miles de reclamos pugnan por concentrar al menos durante una fracción de segundo nuestra atención. Es el negocio de las grandes corporaciones de lo *social*.

La atención se fragmenta y se hace añicos ante la saturación de notificaciones y mensajes que nos distraen. Se vuelve una tarea ardua la escucha, que es el principio básico de cualquier relación humana que se base en la reciprocidad. Hábitos transformados en grilletes mentales tales como matar el tiempo mediante sesiones de *scroll* incesante hipnotizan y hastían al individuo cautivado por el contraste permanente entre un vídeo de unos segundos y otro. La realidad fuera del *smartphone* sabe a poco y todo llega a aburrir, salvo lo que se sucede al vertiginoso ritmo de la pantalla. Se interrumpe cualquier actividad que requiera aislarse del flujo constante de mensajes: dar un simple paseo, atender a un profesor, a un amigo, a la pareja, a un compañero de trabajo, a un film en la sala de cine o a una pieza de teatro.

El derecho a la atención defiende nuestra capacidad de forjar vínculos afectivos y cognitivos tanto con los demás como con nuestro entorno perceptivo. Se trata de un derecho a atender y ser atendido, a escuchar y ser escuchado, a respetar y ser respetado, a reconocer y ser reconocido. Frente a la superficialidad impuesta por el afán de lucro de corporaciones tecnológicas, el derecho a la atención reclama otros ritmos vitales y experiencias reales. Celebra y demanda el derecho a la lentitud y al silencio, a no ser molestado continuamente por un espectáculo que crea verdadera adicción a estímulos sensoriales.

De nuevo, Theuth ofrece al rey Thamus una invención prodigiosa: será algo mágico. En cualquier lugar, tu pueblo podrá acceder a toda la información del mundo y estar en contacto permanente con toda la gente conocida. Hará que cada cual se crea un dios porque podrá extender sus sentidos a cualquier lugar del mundo. Thamus, desconfiado, le contestó: esta herramienta encandilará y sumirá en vanas ilusiones de contacto y encuentro a mis gentes. Creerán vivir más, cuando en realidad viven menos. Se convertirán en esclavos de esa máquina que se alimentará de su propio tiempo. Los separará a cada uno en su burbuja de estímulos y hará que también cada uno quiera llamar la atención en un mundo donde escaseará. Para vivir mejor, bastará estar en un solo lugar y atender con pausa a todo lo que nos rodea. El infinito en la palma de la mano no precisa de magia ninguna: tan sólo es preciso prestar atención. Basta aprender a ver y a escuchar.

Títulos de Cuadernos digitales. Derecho y Nuevas Tecnologías

1. Derecho internacional privado, contratación internacional en internet y régimen jurídico del comercio electrónico.

2. La digitalización en los procedimientos administrativos y en los procedimientos contencioso-administrativos.

3. Tecnología y proceso. Problemas procesales en un mundo digital.

4. Significado de las nuevas tecnologías en el porvenir de las relaciones laborales.

5. La digitocracia a debate.

6. Protección civil de los derechos en el entorno digital.

7. La transformación algorítmica del sistema de justicia penal.

8. La cultural jurídica en la era digital.

9. El constitucionalismo ante la digitalización de la realidad social.

10. Digitalización, inteligencia artificial y derecho mercantil.

11. Implantación práctica de sistemas de inteligencia artificial en el sector público y derecho internacional privado.

12. El Derecho del Trabajo y de la Seguridad Social en un entorno digital.

13. Inteligencia artificial y derecho: perspectivas iusfilosóficas.

14. Desafíos jurídicos civiles en la era digital.

15. El teletrabajo y su impacto en las administraciones públicas.